DIGNITÉ
DE
LA NATURE HUMAINE.

DIGNITÉ
DE
LA NATURE HUMAINE
CONSIDÉRÉE
EN VRAI PHILOSOPHE
ET EN CHRÉTIEN.

Par M. l'Abbé de VILLIERS, Prêtre & Avocat en Parlement.

A PARIS,
De l'Imprimerie de D'HOURY, Imprimeur-Libraire de Mgr. le Duc D'ORLÉANS & de Mgr. le Duc DE CHARTRES, *rue de la Vieille-Bouclerie.*

M. DCC. LXXVIII.

AVEC APPROBATION ET PERMISSION DU ROI.

EPITRE
DEDICATOIRE
A L'HOMME.

*C*HRÉTIEN; *car c'est à toi qu'il convient le premier de dédier cet Ouvrage, parce que c'est toi qui es le dépositaire des véritables titres de l'origine de l'Homme & de sa dignité; parce que c'est ta doctrine qui lui enseigne à connoître ses éminentes distinctions & son heureuse destination. Permets ensuite qu'après toi j'adresse la parole à tous les autres Hommes, puisqu'il n'en est aucun qui* *n'ait aussi la plus grande part aux vérités que j'entreprens d'exposer dans ce discours.*

O Homme, dans quelque nation que tu existes, sous quelque empire que tu vives, de quelque sexe que tu sois, dans quelqu'erreur même que tu donnes malheureusement par rapport au vrai Dieu & de son culte : serviteur ou maître, petit ou grand, c'est à toi que je dédie également cet Ouvrage, puisque la haute origine que tu as reçue du Ciel te donne tant d'avantages pour y participer, puisque tu portes en toi les caracteres les plus frapans de la main divine qui t'a donné l'existence, qui a créé pour toi tant de merveilles, qui t'a placé au milieu d'un monde rempli de ſes magnificences, & qui t'appele ſans ceſſe à lui pour connoître la grandeur de ſes œuvres, & pour te rendre ſouverainement heureux.

OBSERVATION.

L'Ouvrage baucoup plus étendu dont il eſt mention à la fin de la page 2 ci-après, ſera comme une eſpece de *Philoſophie Chrétiene* ſur les merveilles de Dieu dans l'univers, & dont l'Homme en eſt une des plus remarquables. Il formera au moins dix entretiens, dont les manuſcrits ſont preſqu'achevés, & qui ſeront à peu près dans la même forme que le préſent Ouvrage de la Dignité de la Nature Humaine, qui en eſt lui-même environ la dixieme partie.

DIGNITÉ DE LA NATURE HUMAINE CONSIDÉRÉE EN VRAI PHILOSOPHE ET EN CHRÉTIEN.

AVANT-PROPOS.

Rang diſtingué de l'Homme dans l'Univers.

A la vüe du magnifique palais de l'Univers, des Cieux & de la Terre, au milieu deſquels nous nous trouvons placés, ſi nous conſidérons par quels admirables moyens l'Auteur ſuprême de toutes ces merveilles innombrables a voulu se faire connoître aux hommes, & les en rendre participans dès cette vie : si nous envisageons le rang distingué que l'homme y tient lui-même entre les créatures, les merveilles particulières, les prodiges même que le Créateur, le Maître tout-puissant de cet Univers a daigné opérer en faveur de l'homme; rien, je l'avoue, ne peut être plus propre à remplir notre ame de la plus grande satisfaction, à l'élever supérieurement vers l'Auteur suprême qui l'a comblé de distinctions particulieres, à l'exciter en un mot à connoître de plus en plus le Créateur de tant de merveilles du Ciel & de la Terre qui nous environnent de toutes parts. Tels sont aussi, Chrétiens, (car c'est vous que j'interpellerai particuliérement dans cet ouvrage) tels sont les sentimens sublimes dont vous serez pénétrés, en examinant avec nous toutes ces importantes vérités, que je me propose de vous développer dans un ouvrage plus étendu que celui-ci. Mais pour le présent, puisqu'entre toutes les merveilles du Créateur dont l'Univers est rempli, nous osons nous flatter d'en être une des plus remarquables, permettez que je commence à vous entretenir du ſujet qui eſt le plus intéreſſant pour nous, & qui demande d'autant plus notre attention particulière, qu'il nous regarde le plus perſonèlement.

Pour y parvenir, ce ne ſera pas ſeulement en philoſophe ou en ſage du monde, dont les connoiſſances ſont toujours bornées, que j'entreprendrai de traiter un ſujet ſi important; mais ce ſera principalement en philoſophe chrétien, dont les lumières infiniment ſupérieures l'élevent auſſi avec plus de rapidité aux plus hautes connoiſſances de l'homme, & à celles du Dieu dont il a reçu toutes les diſtinctions que nous admirons en lui.

Plan de cet Ouvrage.

Le plan de cet ouvrage ſera donc de conſidérer d'abord la dignité de la nature humaine dans ſon ſeul extérieur corporel & ſenſible; d'admirer enſuite quel éclat donne à la dignité de l'homme, l'ame, l'intelligence qu'il a reçue du Créateur: enfin nous examinerons à quel degré ſupérieur encore, l'élevent ſes rapports & ſon union avec le ſouverain Être, de qui il peut ſe glorifier de tenir tout ce qui le rend une des merveilles de la nature. Et comme les livres ſaints ſont les principaux fondemens ſur leſquels ſont établies ces vérités, j'en réunirai particulierement à la fin tous les paſſages rapportés dans cet ouvrage, afin de les préſenter ſous un ſeul coup d'œil. Je voudrois également raſſembler tous les traits admirables que j'ai tirés de l'excellent ouvrage du *Spectacle de la nature* par M. l'abbé Pluche, dont la philoſophie chrétiene eſt ſans ceſſe rapportée, à ce que nous en enſeignent les livres ſaints. Mais comme ils ſont tellement confondus & mêlés dans ce diſcours, qu'il ſeroit impoſſible d'en faire la diſtinction, je me contenterai de dire, que je me trouverai très-heureux, ſi je puis au moins imiter un tel maître & un philoſophe auſſi chrétien.

PREMIERE PARTIE.

Dignité de l'Homme considérée dans son seul extérieur.

L'Homme prodige dans la nature.

ENTRE toutes les créatures qui occupent chaque partie de la terre que nous habitons, l'homme seul annonce une supériorité si grande, une prééminence si frappante, que l'on ne peut s'empêcher de le reconnoître comme un des prodiges les plus surprenans de la nature. Lui seul exerce sur les autres créatures, sur la terre & ses productions, un pouvoir, un domaine qui remplit d'étonement. Il porte dans la dignité de sa taille une majesté qui efface toutes les autres créatures. La perfection de ses organes, la délicatesse de ses sens, lui font entreprendre une multitude d'ouvrages qui saisissent d'admiration, & qui dévoilent à chaque instant un génie, une ame, d'où émanent l'adresse, la force

& la vigueur qu'il donne à toutes ses actions. Lui seul éleve les édifices les plus surprenans, bâtit des villes entières, fait marcher les animaux sous ses ordres, cultive la terre, y met tout en valeur : lui seul tourne le fer, le feu, les pierres & les élémens à son gré, creuse dans les entrailles de la terre, mesure les distances des planetes & des astres, navige hardiment sur les mers, se transporte d'une extrémité du monde à l'autre : lui seul compose une multitude d'ouvrages où tantôt le génie, la science & l'art, tantôt le goût, l'ordre, l'intelligence & la pénétration se contestent à l'envi la préférence, & semblent se disputer tour à tour à qui manifestera le plus la prééminence de l'homme sur toutes les créatures, sa supériorité, l'excellence de sa nature, & la noblesse d'une origine qui ne peut venir que des Cieux.

Telle est, sans recourir encore aux livres saints qui nous instruisent le plus éminament de toutes ces vérités, telle est la dignité, telles sont toutes les distinctions que manifeste l'homme à sa seule inspection extérieure. En sorte que s'il étoit possible de nous détacher comme de nous-mêmes, & de considérer d'une haute montagne l'homme & ses ouvrages; ou bien de voyager comme en inconnu (ainsi que Joseph II, Empereur d'Allemagne, & qui a fait en 1777 l'admiration de la France & de l'Europe), de voyager, dis-je, au milieu des différentes nations qui composent les sociétés humaines, & d'en remarquer les mœurs, les loix, la police, le gouvernement, les travaux, l'industrie; l'on ne pourroit en revenir sans admiration, ni sans convenir que l'homme tient sur la terre le rang le plus distingué entre toutes les créatures, par son intelligence & toutes les qualités supérieures qu'il annonce à chaque instant.

Les Payens ont reconnu dans l'Homme quelque origine céleste.

Vérités si frappantes, qu'au milieu des ténebres de l'ignorance qui ont malheureusement enveloppé les payens & les Gentils, l'on apperçoit cependant, même dans leur fable, la vive persuasion dans laquelle ils étoient, que l'homme dans sa personne & dans ſes œuvres, découvroit quelqu'origine céleſte. Car ici c'eſt un Prométhée qu'ils prétendoient avoir formé l'homme, tantôt du limon de la terre, tantôt des quatre élémens. Là, ſelon eux, c'étoit la déeſſe Minerve qui ſouffle en lui ſon eſprit. Ailleurs, c'eſt le même Prométhée qui élevé aux cieux, en rapporte le feu ſacré dont il ſe ſert pour animer le corps qu'il vient de former. Générations fabuleuſes de l'homme, il eſt vrai, lorſque nous les comparons avec ſa véritable origine que nous enſeignent les livres ſaints. Car qu'eſt-ce que cet homme qui forma le premier homme? Qui l'avoit lui-même créé le premier? Mais ſans en demander davantage à des hommes en qui s'étoit perdüe la connoiſſance du vrai Dieu, néanmoins dans ce qu'ils avancent, que n'y entrevoit-on pas d'approchant des ſaintes Écritures qui nous apprenent; que l'homme a d'abord été formé du limon de la terre, & qu'enſuite ſon divin Créateur inſpira ſur ſon viſage un ſouffle de vie? Or, ce que les philoſophes payens avoient enſeigné d'approchant de cette vérité, étoit-il une tradition conſervée depuis la création de l'homme parmi les nations les plus aveugles ? Ou bien étoit-ce chez elles une forte persuasion dans laquelle elles étoient, que l'homme découvrant par ses actions quelque créature distinguée, & de très-supérieure à toutes les autres créatures, il falloit nécessairement que le Ciel fût la source de son origine.

Egaremens des incrédules sur l'origine de l'Homme.

Quoi qu'il en soit, quelle différence du moins entre cette croyance des idolâtres & celle des faux philosophes, & celle des incrédules de nos jours, dont l'aveuglement les a portés au point, non seulement de ne pas rougir de mettre l'homme au rang des animaux, mais presqu'au-dessous des animaux ! *L'homme*, dit l'un d'entre eux (*a*) *né sous un chêne, s'est nouri de glands, s'est désaltéré au bord d'un*

(*a*) Origine sur l'inégalité des hommes par J. J. Rousseau, cité dans les lettres critiques de l'abbé Gauchat, p. 72 du cinquieme volume.

ruisseau. *Les hommes*, ajoute-t-il, *dispersés dans les forêts avec les animaux, ont observé leur industrie, les ont imités, & & se sont élevés jusqu'à l'instinct des bêtes.*

Quelle douleur d'entendre des hommes, d'entendre nos semblables, d'entendre des chrétiens se former des systêmes aussi dénaturés, & dont auroient eu honte les idolâtres ! Car qui a placé sous un chêne ce premier homme imaginaire ? Qu'ils nous aprenent ensuite, comment il est arrivé que les hommes élevés jusqu'à l'instinct des bêtes, s'en sont rendus les maîtres, & les ont soumis à leurs commandemens ? Mais cessons d'interroger des hommes qui deshonorent si indignement leur existence. Que leurs exemples au moins nous apprenent combien la suite malheureuse des passions terrestres est, non seulement de faire descendre l'homme du Ciel, où tout l'éleve dès son origine, mais encore de l'avilir, mais de ne le rendre que trop semblable en ce sens aux animaux, & de le placer même quelquefois au-dessous d'eux. Puissions-nous donc à jamais nous préserver de ces passions capables de nous dégrader à un tel excès !

Gardons-nous également des passions orgueilleuses & altières de certains hommes présomptueux, qui voulant par un autre excès s'élever au-dessus de tous les autres, tombent dans les plus profonds égaremens ; & qui sans le secours des livres saints, prétendant par les seules lumieres de la raison, découvrir la nature, l'origine de l'homme, & s'efforcent de nous donner pour véritables leurs systêmes imaginaires. Car que diroit-on de celui qui, sans le secours des historiens contemporains de sa nation, voudroit par sa seule imagination, par sa seule raison, découvrir la source & l'origine la plus ancienne des peuples dont elle est descendue ? De même en matiere de Religion, qui peut nous instruire plus parfaitement de Dieu que Dieu même ? Et sur l'origine de l'homme, qui peut nous instruire plus sûrement de sa nature, que son Créateur, & que les Ecrivains sacrés qu'il a lui-même inspirés, qu'il a lui-même chargés de nous en transmettre l'origine & la création ?

Mais d'abord ne craignons pas de dire, que plus nous saurons nous dépouiller, ou des passions charneles qui dégradent l'homme & l'avilissent, ou de celles qui paroissant l'élever, ne font au contraire que l'égarer & le perdre ; plus nous reconnoîtrons avec vérité que l'homme envisagé, même dans son seul extérieur, annonce tant de distinctions frappantes, qu'elles prouvent qu'il ne peut véritablement tirer son origine que d'une source telle que nous l'apprennent les livres saints. En-sorte que, quels que soient les efforts que l'on puisse employer pour dégrader l'homme & l'abaisser, si l'on trouve, il est vrai, en lui les plus grands vices, les plus grandes imperfections, il présente d'un autre côté tant de grandeur & de supériorité sur toutes les autres créatures, qu'il est impossible de n'y pas reconnoître l'énorme distance, & les différences les plus sensibles entre lui & les animaux qui habitent le même séjour que nous occupons. De telle sorte que quand on voudroit accorder aux hommes sensuels & terrestres de nos jours, qu'ils ne diffèrent en rien des bêtes, il existe en eux-mêmes, & comme malgré eux, ainsi que dans tous les autres hommes, tant de supériorité sur les animaux, qu'il n'est pas possible de la méconnoître, tant elle éclate à chaque instant, & se manifeste dans mille & mille circonstances.

Dignité extérieure de l'Homme.

Ne voulons-nous en effet considérer l'homme que par ce qu'il nous présente dans son seul extérieur? Quelle dignité! Quelle noblesse! Quelle majesté! Sa prééminence s'annonce d'abord par l'élévation de sa tête & la situation droite de son corps. Rien de si beau dans la nature, ni de si expressif, rien de si parlant. Tout y publie les titres de son empire & de sa supériorité sur la terre. La dignité est peinte sur son front. La plus juste simétrie est observée dans le contour de son visage & dans l'arrangement de ses traits. Le brillant, la vivacité de ses yeux forment la plus vive expression de tous les sentimens dont son ame est affectée. Tous les animaux ont la tête penchée vers la terre sur laquelle ils rampent. L'homme ſeul marche la tête haute, & ſe maintient par cette attitude dans la liberté de l'action & du commandement. Cette tête a des ſens exquis, & tous les organes néceſſaires pour recevoir des avis de toutes parts, & pour en donner également; ſes yeux placés en ſentinele dans l'étage le plus élevé, découvrent au loin tout ce qui ſe paſſe. Lorſqu'ils ſe repoſent, ſes oreilles & tous ſes autres ſens l'avertiſſent des moindres mouvemens.

Les grâces & l'autorité réſident ſur ſa bouche & ſur ſes levres, puiſque d'un ſimple ſourire, elles répandent la joie autour de lui, & que par la variété des ſons qu'elles articulent, elles donnent des ordres qui ſont exécutés ſur le champ, ou portés aux diſtances les plus éloignées. Les riches couleurs dont le Créateur a rehauſſé les traits de ſon viſage, expriment tour à tour la ſérénité de ſon eſprit ou le trouble qui l'agite Une multitude innombrable de muſcles qui aboutiſſent à ſes joües, à ſes levres & dans tout ſon viſage, forment autant d'expreſſions que de mouvemens. Les uns élevent les ſourcils de ſes yeux, &

donnent à ses regards un air de fierté ou de colere : les autres les rabaissent pour caractériser sa tristesse ou son recueillement. Il en est de destinés à marquer sa joie ou ses alarmes, son approbation ou ses refus, son dépit, son découragement, ou sa sécurité. En un mot, son visage, vrai miroir de son ame, semble changer presque autant de figures que l'exige la variété incroyable de ses pensées, de ses sentimens, & des passions bonnes ou mauvaises dont l'homme est affecté dans les différentes situations de sa vie.

Au-dessous de sa tête se tienent toujours prêts deux incomparables serviteurs, pour exécuter à l'instant toutes ses volontés ; je veux dire ses deux bras & ses deux mains, dont les inflexions & les mouvemens sont innombrables. Aulieu que s'il étoit obligé, ainsi que les animaux, de s'en servir comme de ses pieds pour marcher à quatre pattes, que d'ouvrages, que d'entreprises sans nombre ne se trouveroit-il pas dans l'impossibilité d'exécuter ? Mais au contraire ses bras étant dégagés de la masse pesante de son corps qu'ils ne sont pas obligés de trainer, que de dégagemens, que de grâces, que d'agrémens ne procurent-ils pas à ce même corps? Que d'exercices, de mouvemens divers, d'actions, d'ouvrages plus admirables les uns que les autres, ne donnent-ils pas à l'homme la facilité d'entreprendre? Quelle noblesse, quelles distinctions ne présentent pas encore de leur côté toutes les autres parties extérieures de ce même corps légèrement porté sur sur ses deux jambes, comme sur deux colones mobiles & admirables, pour le soutenir dans le plus bel équilibre, & pour le transporter à sa volonté dans tous les lieux de la terre!

Si du seul extérieur du corps humain, qui annonce la différence la plus frapante d'avec les animaux, nous voulions pénétrer dans la structure intérieure de toutes ses autres parties, si nécessaires pour donner à ce corps toutes les actions dont nous le voyons susceptible, quelle multitude d'autres différences n'y trouveroit-on pas encore? Est-il possible, par exemple, de voir sans étonement les merveilles intérieures qui le composent, ses organes innombrables formés d'une multitude

titude de muscles, de fibres, de vaisseaux, de veines, d'artères, si liés, si artistement entrelacés, que cet ouvrage surpasse nos idées, & nous présente en même tems le chef d'œuvre d'un monde corporel. Oui, l'anatomie en observe tous les jours les différentes parties, leur assigne à chacun un nom, connoit l'action & l'usage des plus apparentes, dispute sur les propriétés des autres qu'elle ne connoit pas ; mais elle est obligée de convenir que sa structure, quand on veut l'approfondir, est un abîme où la vüe & la raison se perdent ; que c'est la plus belle machine du monde visible, & dont la liaison, l'art, la contexture, le jeu & la multitude de parties, présentent à chaque pas tant de prodiges toujours nouveaux, que ceux qui sont assez heureux pour les examiner avec des yeux intelligens & supérieurs au commun des hommes, y reconnoissent une des plus parfaites des créatures, & savent en tirer les démonstrations les plus sensibles de la puissance infinie d'un Dieu, qui seul est l'auteur, le créateur, le conservateur de tant de merveilles réunies dans un si petit espace.

Mais comme notre objet n'eſt pas de pénétrer plus avant , ni de nous arrêter plus long-tems ſur l'intérieur de cet admirable édifice du corps humain , revenons à ſon extérieur pour lequel ſont formés tant de reſſorts cachés & intérieurs , & dont le jeu & les actions infinies démontrent de plus en plus dans l'homme un prodige de la nature , & ſa ſupériorité ſur toutes les autres créatures. Et pour la rendre plus ſenſible , eſſayons maintenant de mettre en parallele le peu d'actions dont ſont capables les animaux , avec tous les travaux ſans nombre qu'entreprend l'homme tous les jours. C'eſt bien alors qu'une telle comparaiſon ne ſervira qu'à le relever de plus en plus, ainſi que l'ombre d'un tableau ne tend qu'à faire briller davantage l'objet que l'on veut faire éclater ; ainſi que la vigueur du lion n'en paroit qu'avec plus de force , lorſqu'on eſſaie de le comparer avec le plus foible des animaux.

Incapacité des animaux ſur la terre.

Séparez donc pour un moment l'homme du ſéjour de la terre , &

uppofez qu'il n'y exiſte pas, que verrez-vous alors dans les animaux qui ſeuls en ſeront les habitans? Qu'y font-ils de remarquable? Quels travaux entreprenent-ils? Quel édifice y élevent-ils? L'Ecriture nous l'apprend parfaitement. *Ils ne cultivent*, dit-elle, *ni ne labourent, ni ne moiſſonent, ni n'amaſſent dans des greniers. Le Créateur leur a enſeigné ce qui doit faire à chacun leur nourriture*; & dès-lors leur inſtinct, ou le beſoin naturel qu'ils éprouvent, les y attire, les y conduit. Ils vont la prendre ſans l'avoir cultivée, & ſans preſque ſonger à celle du lendemain. Quant à leurs demeures, à leurs habitations, elles n'exigent de leur part que les plus légers travaux. Un antre, une caverne pour ceux-ci, une branche d'arbre pour ceux-là. Si quelques uns, comme l'abeille, témoignent plus d'induſtrie, travaillent avec plus d'ordre, c'eſt plutôt pour nous faire remarquer en eux les merveilles du Créateur, que leur intelligence perſonnele. Si d'autres ſont remarquables par la légèreté de leur taille, la régularité & le brillant de leur plumage: ſi ceux-ci enchantent nos regards par les riches

Math. 6, 26.

couleurs qui brillent ſur leurs écailles, rien en tout ceci n'eſt l'effet de leur induſtrie, ni de leur ſavoir. Toute la gloire en eſt düe à celui qui les a tirés du néant.

Au reſte ne négligeons pas de remarquer, que ce que les animaux les plus ineptes, comme les plus induſtrieux, opèrent aujourd'hui, n'a rien de différent de ce qu'ont fait leurs ancêtres dès le premier inſtant de leur création. Ils n'ont tranſmis à leur poſtérité ce qu'ils ſavoient, ni par aucun livre, ni par aucun monument, ni par aucune académie, ni par aucune tradition. Leurs deſcendans n'ont fait aucun progrès, ni rien perfectioné depuis leurs prédéceſſeurs. Ce qu'une eſpece d'animal conſtruit dans un pays, la même eſpece l'imite dans la région la plus éloignée, ſans ſe l'être communiqué. Toute la terre entiere reſte avec eux toujours parfaitement inculte. Tant de productions qu'elle renferme dans ſon ſein devienent abſolument inutiles : tant de richeſſes ſans nombre, dont elle eſt remplie, demeurent pour toujours enfoüies. Ils n'en connoiſſent pas l'Auteur, & ſont incapables de l'en remercier, de l'adorer, ni de l'admirer dans toutes les merveilles qui les environent de toutes parts.

Telle seroit donc l'inutilité ou le peu d'usage de la terre, si Dieu n'y avoit placé une créature pourvüe d'organes supérieurs aux animaux, & douée en même tems d'une intelligence capable de mettre tout en valeur, tout en action dans la nature; d'y faire même servir les animaux qui l'habitent, mais qui n'ont d'autre instinct que celui qu'il leur faut pour se conserver & pour trouver leur nouriture. Instinct qui dans eux est cette impression que le Créateur leur a donnée pour exercer toutes les fonctions animales nécessaires à leur vie; mais qui au-delà ne diffère de celui imprimé aux plantes, aux arbres & aux autres productions de la terre, que parce qu'étant au pouvoir du Tout-Puissant de varier à l'infini les mouvemens sans nombre qu'il communique à ses ouvrages, il les a rendus plus parfaits dans les animaux que dans les plantes & les arbres qui embélissent toute la terre.

L'Homme met tout en action ſur la terre.

Mais maintenant feſons revenir ſur la terre l'homme que nous en avions ſéparé pour un moment, quel changement ſubit éclate de toutes parts! Son ſeul extérieur annonce le maître ſouverain, que le Créateur a voulu y établir, pour y exercer le plus ſuperbe empire. Dès qu'il paroit, il met tout en action, tout en vigueur, & il ſait tirer de chaque production les uſages les plus admirables. La matière peut donc, il eſt vrai, avoir des yeux, des bras, des oreilles comme l'homme; mais qu'il s'en faut qu'elle ſoit capable d'en faire uſage comme lui, ſi Dieu ne lui a pas imprimé, ſi Dieu ne lui a pas donné une ame, une intelligence propre à s'en ſervir, ainſi qu'à l'homme. Une belle ſtatüe de marbre peut véritablement paroître animée, regardée même par des idolâtres comme une divinité, mais ce n'eſt jamais qu'un marbre inanimé. Les animaux peuvent avoir comme l'homme, des pieds, des bras, des yeux & des oreilles; mais quoique plus parfaits, quoique plus animés qu'une ſtatüe, ils ne ſont cependant que des statües eux-mêmes, en comparaison de tous les mouvemens, de toutes les actions & de tous les ouvrages innombrables dont l'homme est susceptible. Ainsi sans entrer pour le moment, dans un plus grand examen de son intelligence, & de cette ame qui est la source de toutes ses actions, continuons à ne le considérer, quant à présent, que dans son extérieur, que dans tous les mouvemens, que dans toutes les actions dont sont capables les organes de son corps. Quoi de plus frappant! Quoi de plus remarquable! Tout y annonce la dignité, la noblesse, la force du maître à qui le Créateur a voulu confier le gouvernement, la disposition de la terre, & de tout ce qu'elle contient.

Admirables ouvrages qu'opère son seul bras.

Sa taille droite, son corps élevé & noblement porté sur deux superbes colonnes le plus artistement moulées, se présente avec un air d'aisance & de supériorité que tous les animaux sont forcés de reſpecter, parce qu'elle leur annonce le maître que leur a donné le ſouverain Maître de l'Univers. Que n'ont-ils pas en effet à redouter du ſeul bras de l'homme, qui au lieu de ramper comme eux ſur la terre, eſt aiſément ſuſpendu au haut de ſon corps & au-deſſous de ſa tête, pour exécuter à l'inſtant toutes ſes volontés ? Quoi de plus ſurprenant que ces deux membres, qui ſeuls ſuffiroient pour le diſtinguer de tous les animaux! Qui peut exprimer le nombre infini de mouvemens, d'actions, de geſtes, d'ouvrages qu'ils entreprennent, qu'ils exécutent tous les jours ? Oui, le ſeul bras de l'homme, non ſeulement le diſtingue de toutes ces créatures, mais dénote le plus évidament ſon domaine ſur la terre, l'empire qu'il a droit d'y exercer, & le pouvoir qu'il a reçu pour en diſpoſer à ſon gré.

Parcourez en effet l'Univers, & dites-moi, de tous les ouvrages que l'on y admire, tant anciens que nouveaux, voiſins de nous ou éloignés, quel eſt celui que le bras de l'homme n'ait point exécuté ? Quel autre que lui a conſtruit tant d'édifices ſans nombre,

bre de villes, de châteaux, de jardins, de parcs, de chemins, de ponts pour traverser les fleuves, de vaisseaux, de flotes pour parcourir les mers, d'instrumens pour perfectioner les arts, de manufactures plus riches les unes que les autres ; en un mot tant d'ouvrages de toute espece, de toute nature, & dont tout le détail est innombrable ? Qu'ont entrepris de semblable les animaux ? Et comment après tout pouroient-ils le faire, eux dont les bras ne sont destinés qu'à ramper, ou les aîles uniquement bornées à les élever dans l'air ? Le bras de l'homme annonce au contraire tout ce dont il est capable, & que lui seul est formé pour tant d'ouvrages qui embélissent toute la terre.

Que n'entreprenent pas encore tous les jours ses mains, ses doigts, qui sont aussi comme autant de bras, dont les ressorts, le jeu, les plis & replis opèrent les merveilles les plus surprenantes ? Qui peut exprimer, qui peut raconter les ouvrages sans nombre dont ils sont capables ? Oui, l'homme n'a qu'à vouloir, & ses travaux sont presqu'aussi multipliés que le ſont ſes penſées & ſes volontés. Veut-il, par exemple, ſe repréſenter une penſée, ou la communiquer aux autres ? Sa main prend la plume, rend ſenſible & comme viſible à nos regards, une penſée intérieure, ſpirituele & cachée dans le fond de ſon ame; & dès-lors il ſe la rappelle toutes les fois qu'il le juge à propos. Veut-il communiquer cette même penſée à mille autres de ſes ſemblables ? La même main, par certains traits d'écriture, & par certains caractères convenus entr'eux, tranſmet de loin comme de près ce qu'il a penſé dans l'intérieur de ſon cabinet. Dès-lors les hommes, ſans ſe voir aucunement & ſouvent ſans ſe connoître, ſont néanmoins inſtruits de ce qui ſe paſſe de toutes parts, ſe trouvent en relation avec ceux qui ſont les plus éloignés, terminent entr'eux les affaires les plus importantes, tranſmettent même à la poſtérité la plus reculée les événemens qui ſe ſont paſſés de leur tems, ainſi que nous les ont tranſmis ceux qui nous ont précédés.

L'homme frappé de la magnificence d'un édifice, d'un riche point de vüe que lui offre une agréable campagne, ou tout autre objet qui se présente à ses yeux, veut-il se le rappeler sans cesse, ou le représenter aux autres? Sa main lui dessine sur le papier, ou lui trace sur la toile l'objet dont il veut conserver la mémoire. Veut-il en perpétuer plus long-tems le souvenir? Elle le grave sur la pierre, sur le marbre, sur l'airain, & semble faire revivre au bout de plusieurs siecles les illustres personages, dont l'histoire nous a conservé les vertus & les actions éclatantes. C'est ainsi que l'Eglise orne ses temples des tablaux qui représentent au Peuple fidel les actions des Saints que nous devons imiter, tandis que les Ministres évangéliques leur annoncent avec plus d'étendüe les vertus que les héros chrétiens ont pratiquées. C'est ainsi que dans le siecle les tablaux des plus habiles maitres, nous rappellent les plus hauts faits de ceux qui se sont distingués dans les différens états de la vie; tandis que les historiens nous les peignent sous des traits non moins expressifs & plus durables encore.

La même main qui nous trace les

personnages distingués, les édifices les plus magnifiques, les campagnes les plus brillantes, met encore sous nos yeux les plans des Villes, les cartes des Provinces, des Royaumes, des différentes parties de l'Univers, des fleuves & des mers; & sans nous déplacer de notre demeure, nous fait voyager dans toutes les différentes parties du globe de la terre, ou bien enseigne sûrement aux voyageurs, avant leur départ, la route qu'ils devoient suivre au midi ou au nord, à l'orient ou à l'occident. Que dis-je? Non contente de nous avoir ainsi tracé les différentes parties de notre séjour, elle nous éleve, sans le quitter, elle nous éleve jusque dans la voûte des cieux, & nous représente sur le même papier la marche des étoiles immobiles qui ornent le ciel, & la route variable des planetes qui roulent autour de ces globes lumineux suspendus au-dessus de nos têtes. Cette même main en un mot, par des opérations non moins sûres, nous annonce également le lever ou le coucher des deux grands astres, que le Créateur a établis pour éclairer notre séjour, diriger nos travaux, & fixer tous les événemens de la vie passée, présente ou à venir.

Voulons-nous maintenant que cette même main, dont les opérations semblent embrasser toutes les parties de la terre & des cieux, s'occupe d'objets moins éloignés, mais plus à notre portée ? Elle ne nous présente pas moins de merveilles surprenantes dans tout ce qu'elle entreprend pour l'usage de l'homme. Car si la nature a refusé à l'homme d'être vêtu comme les animaux, de fourures, de plumes ou d'écailles, il semble qu'elle ne l'a voulu que pour faire briller davantage l'industrie dont ses mains & ses doigts sont susceptibles, afin de pourvoir à ses habillemens. Ici vous voyez la main ingénieuse de la femme forte dont parle
Salomon, filer légèrement le lin ou *Prover* 31.
la soie, qu'elle présente ensuite à d'au- 10 *& suiv.*
tres mains non moins industrieuses, pour en fabriquer les étoffes de toute espèce, qui procurent aux hommes de tout état & de toute nation, des vêtemens souvent plus riches & plus variés, que ceux dont le Créateur a paré quelques animaux. Ailleurs j'entends les

doigts de l'homme toucher le plus délicatement, l'instrument dont il forme les sons les plus mélodieux. Ici faire retentir dans nos Eglises, en l'honeur du Très-Haut, une harmonieuse simphonie, plus forte souvent que toutes les voix humaines, & que tous les instrumens réunis ensemble.

Qui pourroit encore exprimer toutes les figures que prenent ces bras, ces mains, ces doigts de l'homme, dans tous les différens ouvrages qu'il entreprend chaque jour ? Tantôt ce bras en se roidissant fait les fonctions de levier, tantôt se pliant par diverses articulations, imite le fléau, l'arc & toutes sortes de ressorts. Ferme-t-il le poing ? Il frappe comme un maillet. Arrondit-il la cavité de la main ? Il en forme comme un vase pour y contenir ce qu'il veut. Courbe-t-il, serre-t-il ses doigts les uns contre les autres ? Il en forme des crocs, des pinces, des tenailles. Si la délicatesse de ses doigts ne lui permet pas sans danger, de toucher le feu, ou d'autres élémens, de soulever ou de transporter une masse trop considérable, il y supplée par mille instrumens, par mille outils qui sont comme autant d'autres mains, avec lesquelles il exécute en grand ce qu'il ne pouvoit opérer autrement. Dès-lors ce bras, cette main ainsi secourus, ainsi aidés opèrent, on peut le dire, tous les jours des miracles. Oui, l'on diroit que rien ne peut lui résister. Il souleve des poids immenses, il tourne à sa volonté des blocs de marbre, il abat les chênes, il attire à lui les plus grosses masses, il perce les montagnes, il met en cage les lions, les tigres & les animaux les plus féroces.

Que forment les animaux en comparaison de tant d'ouvrages multipliés par la seule main de l'homme ? Sont-ils eux-mêmes autres choses, que d'autres instrumens que la main de l'homme fait agir tous les jours pour ses différens besoins ? Que l'homme donc qui a reçu tant de distinctions, tant d'avantages au-dessus des autres créatures, n'oublie jamais aussi l'indispensable obligation dans laquelle il est plus qu'aucun autre, de ne faire usage de ses bras & de ses mains, que pour les employer, non à des ouvrages d'iniquité, mais à des œuvres dignes de toute la reconnoiſſance qu'il doit à ſon divin Bienfaiteur.

Prodiges qu'opère la parole de l'homme.

Si des mains de l'homme, de ſes doigts, de ſes bras qui opèrent tant de prodiges, nous voulons revenir encore à la dignité de ſa tête, eſt-il rien à l'extérieur qui le diſtingue d'une manière plus ſenſible & plus frappante, que le don de la parole, que cette bouche, cette langue, par laquelle il s'exprime de la manière la plus variée & la plus ſurprenante ? Oui ſans doute, ſes mains, ſes bras ſont ſignificatifs par eux-mêmes. Ils annoncent, quand il veut, la colère, la vengeance, le dépit, la douceur, la bienfaiſance, l'affabilité, la générosité. Mais il n'eſt point d'organes qui expriment toutes ces affections avec plus de force, de promptitude & de variété que la parole qui ſort de ſa bouche. Nous liſons, j'en conviens, ſur le viſage de l'homme, s'il eſt accablé de douleur, ou tranſporté de joie. Il eſt orateur depuis les pieds juſqu'à la tête : il eſt expreſſif par tous les mouvemens de ſon corps. Mais tous ces ſignes, en comparaison de sa parole & de sa voix, ne sont que des serviteurs plus ou moins élevés en grade & en dignité, pour manifester au-dehors les volontés du maître. Dès que la langue de l'homme se met en action, c'est le seigneur du lieu qui se montre, & dont la présence fait garder le silence à tous ceux qui n'agissoient qu'en son absence & par ses ordres. Sa voix prend la place de tous les autres signes extérieurs de son corps. Elle seule d'un seul mot, fait entendre nettement, clairement, promptement ce que ses autres sens ne nous laissoient qu'entrevoir & comme deviner.

Ne considèrez l'homme, si vous voulez, que dès les premiers jours de sa naissance, il semble ne différer qu'en peu de choses des animaux. Mais tandis que ceux-ci sont presqu'aussi formés dès ce premier instant qu'ils le seront pendant toute leur vie, que de talens divers, de distinctions surprenantes, de merveilles sans nombre ne renferme pas en lui l'homme naissant, l'homme au berceau ! Merveilles qui vont se développer, à mesure que vont s'avancer ses jours & ses années.

Mère tendre, ne vous laſſez donc pas de répéter à votre jeune enfant, les premiers mots de reconnoiſſance que ſa langue doit prononcer dans peu, envers ceux qui lui ont donné le jour. Et dans cette douce eſpérance, voyez-le vous témoigner par ſes geſtes enfantins, toute ſa tendreſſe pour vous & toute ſa reconnoiſſance. Bientôt en effet les fibres & les petits muſcles de ſa langue ſe dégageant, ſa voix vous répétera mot pour mot les mêmes paroles que vous lui aurez pluſieurs fois prononcées. De jours en jours, de mois en mois, commençant de lui-même à faire un juſte diſcernement, une juſte application de toutes les paroles qu'il vous aura ſans ceſſe entendu répéter; ce ne ſeront plus ſeulement quelques monoſyllabes, mais ce ſeront de petites phraſes, de petits diſcours par leſquels le ſon de ſa voix vous rendra le plus naturelement ſes penſées, ſes ſentimens, ſes deſirs, ſes affections. C'eſt alors que témoin des progrès qu'il fera chaque année, vous oublirez volontiers les peines que vous aurez priſes pour le former; ou que ſi vous vous en ſouvenez, ce ne ſera que pour augmenter la joie que vous éprouvez maintenant du fruit de toutes les attentions que vous vous serez données pour l'éducation de cet enfant chéri.

Quelle différence alors de l'homme avec les animaux ! Et quoiqu'ils semblent avoir les mêmes organes que vous, une bouche, une langue, un gosier souvent plus forts que les nôtres, qu'ils sont néanmoins prodigieusement éloignés de pouvoir en faire le même usage que nous ! Les uns font entendre, il est vrai, quelques cris, quelques hurlemens : les autres des sifflemens, des bourdonemens. Mais la variété de leurs sons est aussi bornée que leur nature. Si quelques-uns répètent ou prononcent quelques mots, à qui après tout en ont-ils obligation, sinon à ceux d'entre nous dont la patience s'est épuisée à les leur répéter chaque jour ? Mais quelque peine que s'y soit donnée l'homme, combien est borné le petit nombre de mots qu'il est parvenu à leur apprendre ! Et que font-ils autre chose ensuite que de le répéter sans cesse, sans y apporter aucun changement ? Mais qu'il est beau, qu'il est grand, qu'il est satisfesant au contraire de voir, d'entendre, je ne dis pas ſeulement l'homme le mieux élevé, le mieux inſtruit, mais l'homme le plus groſſier, varier à l'infini ſes ſons, pour exprimer la variété de ſes penſées, de ſes ſentimens, de ſes volontés, par une multitude de mots, de phraſes & de diſcours!

Si de cet hõmme groſſier nous paſſons à celui dont l'éducation, l'étude, le génie, les ſciences ont perfectioné les talens, quel charme de l'entendre raiſoñer, parler, converſer dans la ſociété avec les autres hommes ſes ſemblables! Ici faire retentir les audiences du Bareau pendant des heures entières, pour deffendre avec une mâle éloquence la cauſe de la veuve, de l'orphelin & de l'opprimé. Ailleurs les miniſtres de l'Evangile nous annoncer, ainſi que les Auguſtin, les Chryſoſtome, dans les chaires évangéliques, les vérités chrétienes qui doivent nous éclairer, les vices que nous devons éviter, les vertus que nous devons pratiquer. Quelle merveille que la langue, les levres, la bouche, la voix d'un ſeul homme, ſoient capables de tant de diſcours variés à l'infini; d'inflexions, de voix, de modulations, d'articulations diversifiées de toutes manières ! Quelle merveille que non-seulement la langue, la prononciation des habitans d'une ville soient si différentes de celles des villes voisines, mais de Provinces à Provinces, mais de Royaumes à Royaumes, mais de Nations à Nations, & dans toutes les différentes parties du monde ! Quelle merveille que la parole, la voix de l'homme soient susceptibles, soient capables de prononcer, d'articuler tant de langues différentes dont le monde est rempli ! L'hébreu, l'arabe, le persan, le chinois, le latin, le grec, l'italien, l'allemand, le françois, & tant d'autres dont l'énumération est innombrable.

O vous qui vous élevez contre le petit nombre de mystères que nous enseigne la Religion, parce que, dites-vous, vous ne les comprenez pas ; comprenez-vous mieux comment toutes les paroles, tous les accens de votre voix sont à votre commandement, pour exprimer, pour nous rendre à l'instant les diverses pensées dont votre ame est affectée ? Oui, c'est ainsi,

j'ose le dire, que nous pourions appliquer dans une multitude de choses
natureles, ce que St Paul nous dit des
vérités surnatureles, qui l'une & l'autre ont également Dieu pour auteur.
Rom. 11, v. 33. *O profondeur de la science, de la sagesse de Dieu, que vos jugemens sont
incompréhensibles !* même à nous sur
qui vous les opérez ! Quel usage plus
glorieux, Seigneur, devons-nous donc
faire de vos dons, que de vous en
louer, que de vous en remercier dans
tous les instans de notre vie ? *puisque*,
Id. 36 dit le même Apôtre, *tout vient de
vous, tout a été créé par vous, & que
toutes choses sont en vous.* Puissiez-vous
donc, ô mortels, convaincus de cette
vérité, n'ouvrir jamais votre bouche
que pour loüer Dieu, de qui vous te-
nez ce bienfait signalé ! Puissiez-vous
vous entretenir sans cesse des merveilles qui éclatent dans ses œuvres !
Puissiez-vous ne jamais imiter ceux
qui n'employant leur langue que pour
s'élever contre Dieu, ou pour décrier
leur prochain, mériteroient que le
Créateur les privât à l'instant d'un
organe si admirable, & dont ils ne
font que l'usage le plus pernicieux.

Avantage du chant de l'Homme.

Si maintenant du don de la parole que l'homme a reçu de Dieu, nous voulons nous arrêter à celui de la voix ou du chant, quelle autre merveille non moins digne de remarque pour nous ! Quel avantage, quelle autre supériorité de l'homme sur les animaux ! Car non-seulement par le son de sa voix il imite tous leurs sons, tous leurs cris, toutes leurs différentes intonations; mais si quelques-uns d'entr'eux, comme certains oiseaux, possèdent l'avantage du chant, il n'en est aucun que la voix de l'homme & que son chant n'imite, mais que souvent il ne surpasse. Qu'y a-t-il en effet de plus gracieux en lui qu'une belle voix, dont les accens forment un son suivi, pliant, soutenu, & dont la souplesse, la suavité, & les accens mélodieux font éprouver à l'ame une satisfaction que l'on ne peut exprimer ?

Mais outre cet avantage, quel autre incomparable & unique dans l'homme, que de réunir au son mélodieux de son chant, celui de la parole ! Propriété qui lui est si naturele, que vous ne l'entendez presque jamais chanter, sans y joindre des mots qui accompagnent le son de sa voix. Ensorte que son chant ne se borne pas à charmer notre oreille, mais c'est un sens intelligible, parlant, qui occupe l'esprit, qui se fait entendre aux hommes & à Dieu même. Heureux hélas, si l'homme n'en fesoit usage que pour célébrer les louanges du Créateur, de qui il tient tous ces dons précieux ! Heureux si sa voix & ses paroles ne se réunissoient que pour lui en témoigner ses humbles actions de graces ! Mais tandis que les hommes pervers ne s'en servent que pour célébrer les vices, les passions les plus honteuses, & les fausses divinités qu'adoroient les payens ; ne cessons d'admirer l'usage que fait l'Eglise du chant & de la parole réunis, pour célébrer nuit & jour dans toutes les contrées de la terre, les louanges du Seigneur, par ses psaumes, ses hymnes & ses cantiques, que les ames chrétienes ne peuvent entendre, sans être pénétrées d'une onction & d'un recueillement, qui les élevent vers le souverain Maître de la Terre & des Cieux.

Ainsi

Ainsi, Chrétiens, après avoir reconnu le louable & véritable usage que nous devons faire des sens, & des principaux organes dont le Créateur nous a doués ; s'il seroit trop long d'entrer dans un plus grand détail de tous ceux que nous avons reçus ; reconnoissons de plus en plus combien, à ne considérer l'homme que dans son seul extérieur, ceux que nous venons de remarquer, démontrent sa dignité, sa supériorité la plus frappante. Je veux dire, sa taille droite & élevée, ce corps posé sur deux superbes colonnes : ces bras, ces mains, ces doigts qui opèrent dans l'Univers des ouvrages de tout genre, & sans nombre : cette bouche, l'organe particulier de son ame & l'interprête de ses pensées : enfin cette tête élevée, noble, majestueuse, dont la seule présence charme, enchante, imprime le respect, l'attachement & l'amour. Que les Anges, que les esprits célestes, qui environent le trône du Tout-Puissant, nous surpassent en dignité, en grandeur, en majesté, loin de leur contester ces nobles privilèges, nous nous ferons gloire de leur céder en tout, & de reconnoître leur prééminence ſur nous. Mais que des hommes, mais que nos ſemblables, mais que nos frères ſoient aſſez aveugles pour ne pas reconnoître, même à leur ſeul extérieur, leur diſtance infinie, leur ſupériorité ſur les animaux, quel comble d'égarement! Qui après tout les a ſi fort chargés de prendre ainſi leur défenſe & leur cauſe, pour nous égaler à ceux qui ne ſont que nos derniers ſerviteurs & nos plus vils eſclaves? O déplorable ſuite des paſſions capables de porter l'homme à un tel excès d'aveuglement!

Combien les animaux reconnoiſſent la ſupériorité de l'Homme.

Mais s'il étoit poſſible d'entendre les animaux, ou de les faire parler, ainſi que l'ont imaginé dans leurs fables morales quelques poëtes ingénieux, combien eux-mêmes ne nous apprendroient-ils pas, ne conviendroient-ils pas de la ſupériorité de l'homme ſur eux? Comment ils nous craignent, ils nous redoutent; comment ils fuient devant nous, & vérifient sans cesse cet ordre du Créateur parlant à l'homme. *Dominez sur tous les animaux du Ciel, de la Terre & des Eaux : que votre terreur, que votre frayeur soit imprimée sur eux.* Je ne m'arrêterai point à discuter jusqu'à quel degré de perfection l'homme, avant sa chûte fatale & malheureuse, exerçoit ce pouvoir & ce domaine sur eux, puisque nous n'avons sur cela aucun monument qui nous en instruise. Mais quel qu'en soit maintenant l'affoiblissement, nous ne pouvons néanmoins nous empêcher de reconnoître, que ce domaine n'est pas tellement dégradé dans l'homme, que les vestiges qui nous en restent, ne soient dignes de nos plus grandes réflexions, comme de notre plus profonde reconnoissance envers le Créateur.

Gen. 1, 28.

Id. 9, 2.

D'abord si les animaux sauvages qui habitent les antres, les bois & le fond des forêts, ne sont pas maintenant aussi soumis à l'homme, qu'ils l'étoient avant sa chûte ; ne les voit-on pas cependant se retirer dans leurs déserts pour faire place à l'homme, dès que l'astre du jour s'avance, & n'en sortir que lorsque sa retraite leur dérobe la présence de l'homme? *Seigneur*, dit David, *vous avez répandu les ténèbres sur la terre, à l'instant les animaux sortent de leurs forêts, les lions rugissans vienent chercher leur proie. Mais dès que votre soleil paroît, ils se retirent promtement. Que vos œuvres sont magnifiques! Vous avez tout disposé avec la plus grande sagesse.*

Ps. 103, 26, &c.

Muses chrét. p. 393.

La nuit vient à son tour, c'est le tems du silence;
De ses antres fangeux, la bête alors s'élance,
Et de ses cris aigus étone le pasteur.
Par leurs gémissemens les lionceaux demandent
L'aliment qu'ils attendent
Des mains du Créateur.

Mais quand l'aurore renaissante
Peint les airs de ses premiers feux,
Effroi de l'animal sauvage,
Du Dieu vivant brillante image,
L'homme paroit quand le jour luit.
Sous ses loix la terre est captive,
Il y commande, il la cultive
Jusqu'au regne obscur de la nuit.
Seigneur, Être parfait, que tes œuvres sont belles!

Le Franc de Pompignan, Poësies sacrées.

Si des animaux sauvages nous passons aux animaux domestiques, qu'y a-t-il de plus admirable que d'en considérer la multitude infinie destinée à nos usages, à notre service, & qui obéissent à notre volonté ? C'est bien à ce moment que les animaux eux-mêmes, loin de se regarder semblables à nous, apprenent au contraire aux hommes les plus aveugles & les plus charnels, combien est grande notre différence d'avec eux ; lorsque nous voyons les uns se retirer dans leurs antres, dans les bois & les forêts pour éviter la présence de l'homme ; lorsque les autres nous obéissent, se soumettent à nos volontés, se plient à tous nos besoins & à toutes nos demandes.

Si d'ailleurs quelques-uns d'entr'eux témoignent plus de talens, plus d'industrie que d'autres, loin d'en être surpris, remarquons, comme je l'ai déjà dit, que c'est souvent à l'homme à qui en est dûe la gloire, & dont nous devons plutôt admirer le talent, l'industrie pour les former. En effet le chien simbole de la fidélité, sauroit-il cependant préserver le troupau timide, de la voracité du loup, si le berger plus industrieux n'avoit étudié la maniere de le former ? Seroit-il d'une utilité si parfaite pour le chasseur, si lui-même encore plus adroit ne l'avoit dreſſé ? N'eſt ce pas également la main induſtrieuſe de l'homme, qui forme tous les jours le cheval à tant d'exercices différens, ſi propres à ſon ſervice, ſi néceſſairs à ſes travaux ?

Quant aux autres animaux qui, ſans notre coopération, témoignent tant d'adreſſe dans leurs actions, loin de l'attribuer à leur intelligence, ou à une ame ſemblable à nous; n'eſt-il pas plus naturel d'admirer en eux la main du Créateur qui ſait, par des reſſorts qui nous ſont inconnus, donner à la matiere la forme qu'il ſouhaite, l'action, le mouvement qu'il lui plaît ? L'homme lui-même, tout borné qu'il eſt vis-à-vis l'Être ſuprême & infini, ne ſait-il pas néanmoins donner tous les jours à la matiere une action & des mouvemens qui ſurprenent ? Ne ſe ſouvient-on pas d'avoir vû de nos jours ce fluteur automate, dont la juſteſſe de l'inſtrument, la délicateſſe du jeu, & l'harmonie des ſons, égaloient les maîtres les plus habiles en cet art (*a*). Qui

(*a*) M. de Vaucanſon, depuis de l'Académie des ſciences, imita en 1739, une figure d'entre nous ne se rapelle encore d'avoir admiré en différens tems ces autres automates, auxquels l'industrie de l'homme fait opérer des espèces de prodiges ?

Puis donc que l'homme ingénieux réussit à donner à la matiere des actions, dont le plus grand nombre des spectateurs ignore souvent le jeu & les ressorts cachés ; doit-on être étoné que le Tout-puissant communique aux animaux, par des ressorts qui nous sont encore plus inconnus, des mouvemens, des actions qui paroissent semblables à ceux de l'homme ? Et si nous ne pouvons refuser d'admirer dans les automates l'industrie de celui qui les fait agir, comment oserions-nous ne pas reconnoître dans les animaux la main très-supérieure de Dieu,

---

parfaitement ressemblante au fluteur en marbre blanc, qui est sur la téraffe des Tuileries ; & que tout Paris alloit voir & entendre jouer avec la plus grande perfection, dan une sale du châtau, douze airs de suite, avec ses doigts & ses levres, sur une flute traversière.

qui toute-puissante & plus savante que l'homme, sait donner à la matière le mouvement qu'il lui plaît, & varier à l'infini les actions des animaux, par des ressorts merveilleux, dont nous connoissons à peine la plus légère partie.

Ainsi quelles que soient les légères ressemblances des animaux avec l'homme, n'oublions jamais d'ailleurs toute la distance infinie qu'il y a entr'eux & nous. Rendons graces au Créateur qui nous a donné sur eux le domaine le plus étendu; & que les comparaisons que nous en avons faites, ne soient que pour relever davantage notre supériorité sur eux. De même donc que cet énorme chêne, dont la tête superbe qui se perd dans les nües, & dont les feuillages & les branches qui s'étendent au loin dans la campagne, n'entre point en comparaison avec le foible rosau qui rampe à ses pieds; que l'homme aprene combien est encore infiniment plus grande sa distance entre lui & les animaux, même à ne le considérer que dans son seul extérieur, même à ne l'examiner que dans

dans ses qualités corporeles & sensibles. Je dis dans ses qualités corporeles & sensibles, car dès que nous voudrons l'envisager du côté des dons spirituels qu'il a reçus de Dieu, dès que nous voudrons considérer cette ame, cette intelligence, cette raison, cet esprit dont il est doué, plus alors disparoîtront les similitudes, les ressemblances & les comparaisons des animaux avec l'homme : & tel est maintenant le sujet que nous allons amplement développer dans la suite de cet ouvrage.

SECONDE PARTIE.

Dignité de l'Homme considérée dans son intelligence.

AVERTISSEMENT.

Pièces de vers citées dans cet ouvrage.

Il a paru en 1773, un Ouvrage intitulé Muses chrétienes (*a*). *L'auteur que l'on pouroit appeler le Psalmiste François, est fils de feu M. d'Aquin, célebre organiste de la paroisse Saint-Paul. L'on peut dire à la gloire du fils, que si son pere a imité David jouant de la harpe devant l'Arche du Dieu d'Israël, le fils, dans un autre sens, a aussi imité le saint Roi, en réunissant dans son ouvrage, tout ce que nos meilleurs Poëtes François ont chanté à la gloire de Dieu, de la Religion & des merveilles du Createur: & c'est de cet excellent recueil de*

(*a*) Il se trouve à Paris chez Ruault, Libraire, rue de la Harpe.

Poësies chrétiennes, que seront tirées quelques pièces de vers, que l'on trouvera répandües dans la seconde & la troisieme partie du présent Ouvrage.

Le Corps humain destiné pour être le palais de l'ame.

Si lorsque l'on considère quelque grand édifice, quelque superbe palais, & toutes les magnifiques parties qui le composent, l'on ne peut s'empêcher de reconnoître qu'il est destiné pour être le séjour & l'habitation de quelque grand de la terre, & que sans cette destination, ce seroit un édifice inutile & désert; l'on peut dire également que le corps de l'homme, son bel extérieur, & toutes les parties admirables dont il est formé, annoncent qu'il ne peut être destiné que pour servir de palais à quelque intelligence capable de le vivifier, de l'animer, d'y mettre tout en action, tout en vigueur, tout en mouvement. En sorte que l'on est obligé d'avouer que, loin de n'être que comme une belle statue de bronze ou de marbre qui ſortie des mains d'un artiſte habile, paroît tellement animée, qu'on croiroit l'entendre parler ou la voir agir, quoiqu'elle reſte toujours immobile; tout démontre au contraire que le corps de l'homme, loin de demeurer dans cet état, comme un terme ou comme une ſtatüe, n'eſt que comme une grande armée qui n'attend plus que l'habile Général dont l'eſprit, l'intelligence, la pénétration, la ſagacité doivent mettre en mouvement & en vigueur tous les organes, toutes les différentes parties qui le compoſent.

Mais quel eſt ce grand Général qui doit lui donner toute ſon action, & quel Souverain doit l'envoyer? Quelle eſt cette intelligence qui doit vivifier ce corps ſi bien préparé pour la recevoir? Et quelle main puiſſante doit la former, l'unir à cette ſubſtance ſi parfaitement organiſée? En quoi conſiſte en un mot cette intelligence, cette ame? Quelle en eſt la nature, quelles en ſont les propriétés? Voilà, Chrétiens, des vérités dont l'examen le plus intéreſſant, devient auſſi pour nous de la plus grande importance.

Insuffisance de la raison sur la connoissance de l'ame.

Si pour nous en instruire, nous voulions, comme plusieurs, n'écouter que la raison sur une recherche qui est plutôt de fait que de raisonnement ; si laissant à part l'Ecriture sainte, seule capable de répondre à nos demandes, nous voulions ne suivre que la route que nous vantent par préférence de prétendus philosophes, rien de plus séduisant pour quelques-uns au premier abord. Mais loin de nous contenter, combien l'expérience ne nous apprend-elle pas qu'ils ne réussissent qu'à nous conduire dans des pays perdus, & qu'après de grands voyages, au lieu d'être plus avancés, nous nous trouvons au contraire plus fatigués & moins instruits qu'auparavant, ne sachant plus où nous sommes, ni même par quelle route nous pouvons nous tirer des labyrintes dans lesquels ils nous ont égarés par leurs spécieux langages? Cependant ne refusons pas d'écouter leurs discours, d'examiner leurs systêmes, afin d'en mieux connoître la véritable insuffisance.

En effet, dès que nous quittons l'Ecriture ſainte, ce point fixe, cette autorité certaine, la fauſſe philoſophie, à laquelle ne ſe joint que trop ſouvent l'impiété la plus groſſière, ne nous voyant plus armés de ce formidable bouclier, & ne trouvant que trop de priſe ſur nous, nous attaque à l'inſtant de toutes parts, pour nous conduire de ténèbres en ténèbres, & nous faire rouler d'abîmes en abîmes. Les uns nous diront ſortis de la terre, comme les plantes les plus communes, ſans nous apprendre qui nous en a fait ſortir ſelon eux. Les autres oſeront avancer, que l'homme né ſous un chêne, s'eſt d'abord nouri de glands, ſans nous inſtruire de celui qui a placé l'homme ſous cet arbre, & ſans nous dire pourquoi maintenant il ne peut plus ſe nourir de ſon fruit. Le même oſera encore avancer, que cet homme né dans les forêts avec les animaux, eſt parvenu juſqu'à leur inſtinct; & les prétendus génies du ſiecle, loin de banir de leur ſociété celui qui nous dégrade ainſi, ſe font gloire de l'y admettre. D'autres ſi enflés de leur nobleſſe, ſi jaloux de leur anciene origine, & qui dédaignent fièrement de se confondre avec ce qu'ils appelent le commun du peuple, ne frémissent pas de se voir placés au rang des animaux les plus vils. Est-il possible que les passions conduisent les hommes de nos jours à de tels aveuglemens! Aveuglement dont auroient rougi les payens, qui réprésentant assez bien sous leur fable de Circé, comment les passions changent l'homme en brute, auroient certainement eu horreur de blasphémer contre la nature humaine, ainsi que les matérialistes de nos jours.

D'autres moins aveugles, j'en conviens, quelque profonds qu'ils soient dans la connoissance admirable de la structure du corps humain, n'attribuent qu'à l'harmonie de ses différentes parties l'intelligence, l'ame par laquelle eux-mêmes parviennent chaque jour aux plus belles découvertes des ouvrages du Créateur; & ils ne voyent pas que quelle que soit véritablement cette belle harmonie, elle ne pouroit rien opérer de digne de l'homme, sans une intelligence capable de la mettre en action.

D'autres en un mot moins terrestres,

avoüent que ce corps eſt véritablement animé par quelque ſubſtance ſpiritucle, qu'ils croyent être une matière ſubtile, un feu céleſte, une ſubſtance différente des corps. Mais ſi ceux-là s'élevent un peu plus que les autres, leurs découvertes ſont néanmoins ſi obſcures, leurs connoiſſances ſi peu intelligibles, ſi abſtraites, qu'ils nous laiſſent dans l'aridité, dans la ſéchereſſe la plus grande, la moins ſatisfeſante, & la moins capable d'élever l'homme & de lui découvrir la dignité de ſa nature, de cette ame qui l'anime, & qui le diſtingue ſi ſupérieurement de toutes les autres créatures.

Néceſſité des livres ſaints pour connoitre notre ame.

Or, ſi après avoir examiné la variété des opinions des hommes ſur la nature de notre ame, de cette intelligence qui vivifie toutes les diverſes parties de nos corps, nous reconnoiſſons combien les uns ne font que l'avilir, combien les autres, malgré leurs raiſonemens, ne parvienent qu'à des découvertes obſcures, ſeches & incertaines, n'est-il pas naturel, après les avoir écoutés, de consulter d'autres autorités plus sûres? N'y va-t-il pas même de notre honeur de nous venger de l'outrage que nous font ceux qui nous dégradent, en nous plaçant au rang des animaux? N'est-il pas au contraire de notre plus grand intérêt de ne pas abandoner, mais au contraire de revenir & de nous attacher le plus fortement aux véritables autorités, aux véritables sources, aux sources divines qui nous éclairent sur la nature, sur la véritable origine de notre ame, de cette intelligence dont le Créateur a vivifié nos corps, pour nous lier davantage au Ciel & à la Terre, & pour faire de nous comme des Anges terrestres & spirituels? Et si, sans nous perdre dans de vains raisonemens, ni sans nous épuiser par des efforts inutiles de l'imagination, nous les trouvons ces connoissances si instructives dans les livres saints, ne serions-nous pas des plus aveugles & des plus malheureux, d'abandoner ces autorités si consolantes, qui élevent l'homme & l'anoblissent? Tandis que tous les vains raisonemens des hommes ne font, ou que nous dégrader, ou que nous conduire dans les pays les plus déserts; & nous prouver plus que jamais, que quelqu'effort que fasse notre raison seule, elle ne peut pénétrer par elle-même, ce que nous apprenent les livres saints. Et n'est-il pas même de la charité fraternele, de s'appliquer à retirer nos semblables de l'état d'abaissement dans lequel ils se plongent; & de leur faire connoître l'excellence de l'origine commune que nous tenons de Dieu, la supériorité qu'il nous a donnée sur ses créatures, & les avantages que nous en avons reçus, pour nous élever jusqu'à lui? Ouvrons donc avec joie ces livres sacrés, apprenons y avec empressement la dignité de notre ame & son heureuse destination.

Genese 1. Dieu, nous disent les livres saints, ayant créé le ciel, la terre, les mers, les élémens, avoit déjà animé cette terre par les plantes, les arbres & les autres productions sons nombre qui la décoroient, par les animaux de différentes especes qui remplissoien toutes les différentes parties de la nature. Mais quelque magnifiques que fussent tous ces ouvrages, ils n'eussent été, on peut le dire, que de beaux, de vastes déserts, sans la formation d'une créature propre à mettre en valeur, en action, en mouvement tous ces superbes ouvrages. C'est donc pour remplir cet objet, que le Créateur, nous disent les Ecrivains sacrés, pense à former l'homme pour être comme l'ame de tous ses ouvrages, l'action de tout ce qui est inanimé, & l'intelligence de tout ce qui en est privé.

Création du corps de l'Homme.

Il commence d'abord par former son corps du limon de la terre, & pourquoi ? C'est afin de lui donner par ce corps même si admirablement organisé, la plus grande liaison avec tout ce qu'il vient de tirer du néant ; c'est afin de le mettre plus à portée de faire usage de toutes les productions de la terre qu'il vient de créer ; en un mot, c'est afin de lui donner plus de facilité de commander aux créatures, aux animaux de différente espèce dont il vient d'enrichir son séjour ici bas.

Déjà donc ce corps par sa taille

avantageuſe, par la dignité de ſa tête la vivacité de ſes yeux, l'harmoni de ſa parole, les accens infinimen variés de ſa voix, les articulation multipliées de ſes bras, de ſes mains annonce la ſupériorité la plus impoſante ſur toutes les créatures auxquelles le Tout-Puiſſant venoit d'accorder l'exiſtence. Mais quelqu'avantage que pût avoir ſur toutes les créatures cet ouvrage composé d'organes ſi parfaits, il ſembloit néanmoins peu capable d'opérer encore rien de bien important; & l'ouvrage du Créateur paroiſſoit encore imparfait, s'il ne l'avoit animé d'une ſubſtance, d'une intelligence propre à donner le mouvement & l'action à toutes les parties qui le compoſent. Car l'homme quant au corps, & ſi vous voulez, l'homme corporel, quoique formé d'organes les plus accomplis, étoit néanmoins trop foible pour dominer ſur la terre & ſur les animaux. Cette belle machine, toute compoſée de reſſorts plus admirables les uns que les autres, ſe terminoit à un ouvrage d'une magnifique ſtructure, ſi un génie, ſi une intelligence diſtinguée d'elle, n'en metoit en mouvement toute la riche composition

Création de son ame.

Or telle est la seconde opération à quelle se prépare le Créateur, pour nimer, pour vivifier ce corps. Ce ne ont plus de nouvaux organes qu'il iédite de lui donner ; il jouit sur cela e tout ce qu'on pouvoit souhaiter. lais c'est une substance plus élevée, est une ame qui totalement distinuée des créatures que Dieu vient de rer du néant, fût plus approchante es intelligences célestes, de la Divinité même. Mais d'où la tire-t-il cette ıbstance nouvele ? O prodige ineffae! C'est de lui-même, c'est de son ropre fond, c'est-à-dire, de l'Être kistant par lui-même, lorsqu'il dit es seules paroles. *Fesons l'homme à otre image & à notre ressemblance.* Enorte que, si auparavant toutes les créaıres n'avoient été tirées que du néant, veut que celle qu'il va former de ouvau soit tirée de lui-même, afin e l'unir à notre corps, & d'y mettre n action toutes les parties qui le composent. Et comment daigne-t-il opérer *Gen.* 1, 26.

cette admirable union? c'eſt, ajoute
les livres ſaints, c'eſt *par un ſouffle*
Gen. 2. 7. *vie qu'il inſpire ſur le viſage de l'homm*
comme ſur la plus noble partie de ſo
corps.

Elle paroît donc enfin cette ame
cette intelligence ſpirituele, afin d'êt
unie au corps le plus admirablemen
préparé pour la recevoir. Union inex
plicable, qui dès-lors annonce de pl
en plus dans l'homme le maître de l
nature, qui annonce à toutes les créa
tures le gouverneur, le ſouverain qu
le Créateur leur a donné. La voilà cett
ſubſtance ſpirituele qui émanée d'u
ſouffle ineffable de la Divinité, & for
mée à ſon image, eſt ornée, eſt dé
corée, eſt enrichie à l'inſtant par ell
de raiſon, de liberté, de jugement
de juſtice, de ſageſſe & de mille autre
qualités qu'elle reçoit, pour mettr
tout en mouvement dans la nature
pour préſider aux ouvrages du Créateur, & pour lui en rendre un éter-
Gen. 2, 26. nel hommage. *Que l'homme*, dit-il,
préſide aux animaux & ſur toute la
terre.

Muſes chrét. p. 187. L'Eternel va parler. . . . . Cieux & Terre, ſilence.
Faiſons l'homme, dit-il, à notre reſſemblance.

Qu'à tous les animaux il impose des loix,
Que sur la terre entière il exerce ses droits.
A ces mots, Dieu pétrit une argile grossière,
Et son souffle ineffable anime la matière.
L'homme vit. L'ame existe & ne doit pas mourir.
L'argile organisée à l'instant vient s'offrir.
Peindrai-je ici ces traits dont les grâces attirent,
Ces traits où la noblesse & la grandeur respirent,
Qui décèlent dans l'homme un maître respecté?
Enfin ce port superbe & plein de majesté,
Composé merveilleux dont l'ordre & la justesse,
De l'Ouvrier suprême attestent la sagesse.

DULARD, *sur la grandeur de Dieu.*

Que ton chef-d'œuvre enfin se hâte de paroître. *Muses chrét. p. 281.*
Oui, Seigneur, il est tems d'accomplir ton projet.
Pourquoi délibérer, l'Univers veut un maître,
Ta grandeur un sujet.

Tu paîtris une boüe, & tu souffles sur elle.
L'homme en sort; sur son front ta main grave ses traits.
Puisse helas! sur ce front une image si belle
Ne s'altérer jamais!

Tu vas donc l'établir Roi de la terre entière?
Qu'il regne, tu le veux, mais qu'il regne après toi.
Pourroit-il oublier si près de sa poussière,
Celui qui l'a fait Roi!

L. RACINE, *Odes sacrées.*

L'Homme, Ange terrestre & spirituel.

C'est donc à ce moment que commence à se faire comprendre plus

parfaitement, comment & pourquoi l'homme eſt une créature entièrement différente des autres créatures ſenſibles formées juſqu'à cet inſtant. Comment il eſt, dit Saint Grégoire de Naziance, un Ange terreſtre & ſpirituel : *Angelus terrenus & cæleſtis*. Un Ange qui tient
Orat. 39. au Ciel & à la terre. A la Terre par la perfection de ſes organes qui le lient avec toutes les choſes créées : au Ciel par ſon ame qui le met en état de juger, de commander, d'ordonner, de s'élever aux connoiſſances les plus ſublimes, & d'en rapporter l'honeur & la gloire à la ſouveraine intelligence. A la Terre par toutes les ſenſations de ſon corps qui l'uniſſent avec tous les ouvrages du Créateur, & le mettent à portée d'en faire uſage : au Ciel par ſon ame qui lui feſant admirer les ouvrages de l'Univers, l'élèvent vers ſon Créateur pour le bénir, l'adorer dans ſes magnificences, & s'unir à lui par les penſées les plus ſpiritueles & les plus ſublimes. A la Terre par la facilité que lui donnent les organes de ſon corps pour la cultiver, pour diſpoſer de ſes productions, & pour commander aux animaux : au Ciel par cette intelligence

intelligence qui lui indique tous les moyens de ſe ſervir de toutes les créatures dont il eſt environné.

A la terre par cette admirable correſpondance que Dieu a établie entre les ſenſations de l'homme & tous les ouvrages qui embéliſſent l'Univers. Car ſon œil lui repréſente de toutes parts les magnificences des Cieux, les richeſſes de la terre, la fécondité des plantes, l'agréable variété des animaux. L'oreille l'avertit de tout ce qui ſe paſſe aux environs de lui, lui fait ſentir l'harmonie des inſtrumens & des concerts. Sa main le met en état de pouvoir diſpoſer de tout à ſon gré : ſa voix de ſe faire entendre, d'ordonner, de commander. L'homme enfin tient au Ciel par ſon ame, ſon intelligence qui le feſant penſer, réfléchir, méditer ſur tout ce qu'il entend, ſur tout ce qu'il voit, ſur tout ce qu'il ſent, le porte à entreprendre mille & mille ouvrages combinés, réfléchis, hardis, ſurprenans, & à s'élever ſans ceſſe au-deſſus de toutes les créatures, pour parvenir à imiter le Créateur, le connoître, le loüer & ſe conformer à ſes volontés.

Telle eſt la liaiſon auſſi admirable qu'incompréhenſible de l'ame & du corps qui unit l'homme au Ciel & à la Terre, aux êtres viſibles & inviſibles, qui en fait un Ange d'un ordre tout particulier, & deſtiné à répondre aux deſſeins de la ſouveraine intelligence, laquelle ayant créé le Ciel & la Terre, a voulu placer l'homme comme au milieu & au centre de ſes ouvrages.

En effet ſi nous n'étions que des êtres ſpirituels, ſi nous n'étions compoſés que d'une ame, il ſemble, ou du moins nous ne voyons pas comment l'homme pouroit exercer quelque pouvoir ſur les créatures corporeles, ni en faire aucuns uſages; mais ſon ame étant unie au corps le plus parfait, dès lors on conçoit plus facilement comment il peut agir ſur les autres corps par les organes dont il eſt compoſé. De même ſi nous n'étions que des êtres corporels, quels que ſoient les avantages dont jouiſſe notre corps au-deſſus des autres créatures, quelque parfaites que ſoient nos ſenſations, nous ſerions certainement encore bien incapables d'exercer ce domaine, cette supériorité que le Créateur a transmise à l'homme sur ses ouvrages. Mais dès que Dieu a uni notre corps à une ame, à une intelligence semblable à lui-même, à lui auteur suprême des secrets de la nature; dès-lors rien d'étonant que par elle l'homme surpasse toutes les autres créatures, qu'il les domine, qu'il en fasse tel usage qu'il veut, qu'il les tourne à son gré, qu'il découvre mille secrets, mille moyens pour opérer en ce monde tant de merveilles, tant d'ouvrages plus surprenans les uns que les autres. Opérations qui paroitroient véritablement impraticables par le seul corps, sans cette ame qui le dirige, ce génie qui l'anime, cette intelligence qui l'inspire, cet esprit qui vivifie ses actions, cette raison qui le conduit & qui combine tout, afin de tout entreprendre, de tout exécuter ensuite avec plus de succès.

Telles sont les glorieuses & satisfesantes vérités dont nous convaint à chaque pas l'expérience la plus incontestable & la plus d'accord avec les livres saints. Non, il n'est point d'homme sage & raisonnable qui ne doive reconnoître comment la nature humaine est composée d'un corps & d'une ame distingués l'un de l'autre, quoiqu'unis par les liens les plus imperceptibles & les plus difficiles à comprendre. D'un corps dont toutes les parties ont été formées par le Créateur pour opérer les plus grandes choses : d'une ame qui émanée d'un soufle divin, transmet au corps toute son action, élève l'homme au rang des intelligences célestes, & l'approche de la Divinité. En un mot d'un corps & d'une ame unis ensemble pour en former une créature, un Ange d'un ordre nouvau, qui tenant à la terre & au ciel, eût le pouvoir d'opérer dans les choses sensibles comme dans les spiritueles, les merveilles les plus surprenantes.

Muses chrét. p. 140.

De l'Être souverain la sagesse infinie,
Veut que, tant que notre ame à l'argile est unie,
Aux loix du sentiment prompre à s'assujétir,
Elle puisse être émüe, elle puisse sentir.
Si sur elle les sens n'exerçoient leur empire,
D'un œil indifférent elle verroit détruire
Ce corps que sa noblesse a droit de dédaigner.
La douleur qu'elle sent l'oblige à le soigner,
Et la sensation par son atteinte vive,
La rend à ses besoins sans relâche attentive.

Tels sont du corps sur l'ame, & l'empire & les droits.
Mais au corps à son tour l'ame impose des loix.
Elle lui fait subir sa suprême puissance ;
Sa volonté n'admet aucune résistance,
Et voit en un instant son desir accompli.
Agis, meus-toi, dit-elle, & son ordre est rempli.

Ainsi corps destructible, ame immatériele,
Dans ses profonds secrets la sagesse éternele
Vous donne l'un sur l'autre un absolu pouvoir ;
Mais elle vous défend de vous en prévaloir.
Ah ! Puissiez-vous toujours respecter les limites,
Qu'en vous associant son doigt vous a prescrites.

DULARD, sur la grandeur de Dieu.

Si donc l'homme, comme devant tenir à la terre par son corps, a quelque ressemblance, a quelque similitude avec les animaux qui l'habitent, avec les plantes mêmes que la terre produit, reconnoissons que ce n'est, selon la volonté du Créateur, que pour en jouir plus facilement, que pour exercer avec plus de facilité son domaine sur les unes & sur les autres. Mais loin que ces similitudes diminuent notre supériorité, elles ne font que nous rendre plus propres à exercer sur elles notre pouvoir & notre prééminence. Malheur donc à ceux qui ne s'arrêtant qu'à quelques ressemblances que ces créatures ont avec nous, ſeroient aſſez aveugles pour ne pas appercevoir auſſi les différences les plus grandes qui exiſtent entr'elles & nous. Oui, o homme! quelqu'abruti que tu puiſſes être par tes paſſions, quelque groſſier que ſoit cet autre par ſa naiſſance, ou par l'éducation qu'il a reçüe, ni l'un ni l'autre cependant, vous ne faites pas un geſte de votre bras, un ſigne de votre main, qu'il ne manifeſte votre plus grande différence d'avec eux. Vous n'ouvrez pas la bouche, vous ne prononcez pas une parole, que les animaux frappés détonement, ne reconnoiſſent votre ſupériorité ſur eux. Mais quelle autre ſupériorité ce même homme n'annonce-t-il pas encore plus par tant d'ouvrages de toute eſpece, d'entrepriſes de toute nature, qui décèlent en lui tant de ſcience, de raiſonement, de connoiſſance, ainſi que je ne tarderai pas à vous le faire conoître avec plus d'étendue.

Laiſſons, laiſſons aux animaux le ſoin de ſoutenir leur cauſe ſans nous abaiſſer à la prendre pour eux. N'admirons dans ceux qui montrent plus d'induſtrie, de ſentimens, d'adreſſe que les autres, n'y admirons, dis-je, que la main du Tout-Puiſſant, dont la ſcience infinie ſait par des reſſorts qui nous ſont inconnus, ſait donner à la matière l'action, le mouvement qu'il lui plait. Et ſans nous avilir davantage par des queſtions qui ne tendent qu'à dégrader en nous celui que Dieu a ſi ſupérieurement diſtingué dans tous ſes ouvrages, conſultons de plus en plus l'Ecriture, qui eſt pour nous ſur cet article, ainſi que ſur tant d'autres, un plus ſur garant, une autorité plus éclairée que celle de tous les prétendus philoſophes de nos jours, & dont tous les ſpécieux raiſonemens ne tendent qu'à nous égarer ſans ceſſe.

Domaine que Dieu tranſmet à l'Homme ſur les animaux.

Loin véritablement que les livres ſaints ſuppoſent dans les animaux quelqu'ame ſemblable à nous, non ſeulement il n'y eſt aucunement queſtion d'intelligence, de ſpiritualité pareilles, mais ils relevent tellement la prééminence de l'homme, ſon domaine, ſa

ſupériorité ſur eux, & la terreur qu'en ont ces créatures, que l'on ne peut s'empêcher d'y reconnoître une nouvelle prédilection de Dieu envers l'homme ; & à quel point le Créateur a voulu le diſtinguer entre toutes ſes créatures. Car, nous apprend Moyſe, ce premier hiſtorien de la création du monde, Dieu ayant formé l'homme à
Gen. 1, 28. ſon image, lui dit. *Dominez, préſidez ſur tous les animaux qui vivent dans les airs, ſur la terre & dans les eaux....*
Id. 9, 2. *Que votre terreur, que votre frayeur ſoit imprimée ſur eux : quils vous ſervent même de nourriture.*

Or je vous le demande, le droit de dominer ſur les animaux, de les faire ſervir à tous nos uſages, de diſpoſer de leur vie, même de s'en nourir, n'annonce-t-il pas en eux des créatures purement corporeles, matérieles? Tandis que dans l'homme tout publie la primauté, la nobleſſe, la diſtinction, l'origine la plus élevée. *Feſons l'homme,* dit le Tout-Puiſſant, *feſons l'homme*
Id. 1, 26. *à notre image & à notre reſſemblance.* A l'inſtant un ſouffle divin inſpiré ſur ſon viſage, éleve à la dignité d'Ange céleſte, celui dont le corps & toutes ſes

ſes parties avoient déjà fait connoître comme l'Ange terreſtre, deſtiné à dominer ici-bas ſur les ouvrages du Créateur.

Voilà donc, Chrétiens, voilà dans l'Ecriture une autorité digne de l'homme. Autorité qui l'éclaire, qui l'élève, qui l'anoblit. Autorité qui s'accorde parfaitement avec ce que l'expérience de chaque jour ne fait que nous confirmer; tandis que toutes les fragiles autorités de la philoſophie purement humaine, ne produiſent ſouvent d'autre effet, ou que de dégrader l'homme, ou de ne le conduire que dans des ſyſtêmes pleins de ſécheresse & d'obſcurités. Ainſi continuons de puiſer dans les livres ſacrés les connoiſſances ſublimes qu'ils renferment à notre égard, & qui nous élevent à la plus glorieuſe deſtination. Entrons avec joie dans l'examen de ces conſolantes & admirables vérités, qui nous intéreſſent le plus perſonèlement. Revenons à cette ame, la plus belle, la plus noble partie de nous-mêmes, qui non ſeulement nous rend ſi ſupérieurs à toutes les autres créatures, mais qui nous place au rang des intelligences, céleſtes, & nous approche de la Divinité même, à l'image de laquelle nous avons été créés.

Inſuffiſance de la raiſon pour connoître l'origine de notre ame.

Lorſque par les ſeules lumières d'une raiſon ſage même & éclairée, nous voulons définir ce que c'eſt que notre ame qui eſt un autre nous-mêmes, rien, je l'avoue, de plus difficile, quoiqu'elle compoſe notre être, quoique nous la ſentions, quoique nous agiſſions par elle, quoiqu'elle ſe faſſe connoître à nous par mille & mille actions, par mille opérations variées à l'infini. Car comment, je vous prie, & par quels reſſorts cette ame s'y prend-elle pour nous faire agir? Ou ſi vous voulez, comment & par quels reſſorts nous-mêmes nous y prenons-nous pour la mettre en action, pour opérer par elle tant de choſes ſurprenantes? Myſtères également difficiles à pénétrer, à comprendre. Cependant ſi nous ne pouvons éclaircir, ni expliquer ces queſtions par tous les raiſonnemens humains, voyons, écoutons néanmoins ce qu'ils nous en disent, afin que connoissant de plus en plus leur insuffisance, nous sentions davantage la nécessité d'avoir recours à ce que les livres saints nous en apprenent de plus sûr.

Rejetons d'abord sans hésiter les systêmes honteux de ceux qui nous dégradent, ou plutôt qui se dégradent eux-mêmes en s'assimilant aux animaux; mais ne nous arrêtons qu'à ce qu'en ont pensé les hommes les plus sages & les plus sensés.

Si les poëtes d'entre les payens ont été malheureusement ceux qui par leurs fictions fabuleuses, ont le plus contribué à entretenir les Nations dans l'aveuglement ; du moins voyons-nous que quelques-uns frappés de tous les caractères qui démontrent dans l'homme une créature intelligente & supérieure à toutes les autres créatures, ont pensé que quelque Divinité étoit descendue du Ciel pour l'animer d'un feu céleste ; mais ignorant quel étoit le vrai Dieu, ils ont attribué à une fausse divinité ce qui ne provenoit que de la vraie, dont ils ne connoissoient pas l'existence.

D'autres, tel que Cicéron ; cet homme aussi grand orateur que grand philosophe de son tems, convaincus de toutes les extravagances du paganisme, dont la seule raison éclairée démontroit l'absurdité, ont senti qu'elle n'avoit rien de matériel ; mais que ne pouvant tirer son origine d'aucune chose terrestre, il n'étoit pas possible d'en chercher d'autre source que dans Dieu même, dit cet orateur : *nec invenietur unquàm unde ad hominem venire possint (animæ) nisi à Deo.* Quelle heureuse & véritable conséquence ! Et quels surprenans progrès n'auroit pas fait un si grand homme, s'il eût été instruit comme nous des vérités contenües dans les livres saints ! Peut-être eût-il marché sur les traces des Chrysostôme, des Ambroise, des Athanase.

Cicer. frag. de consolat.

Enfin les philosophes de nos jours les plus raisonnables & les plus sensés, après bien des recherches, après de grands efforts pour pénétrer, pour expliquer ces mêmes vérités, persuadés de l'impossibilité d'y parvenir par leurs seuls raisonemens, ont été obligés, comme le judicieux Descartes, de reconnoître la nécessité d'une assistance

Metho. t. 1, p. 10.

particulière du Ciel, & d'une révélation divine pour y réussir.

Principes de Phil. p. 6 de de la préf.

Nécessité d'une assistance divine pour connoître notre ame.

Telle a été la conduite des hommes sages, des philosophes sensés, qui découvrant par la raison même, qu'il y avoit dans la connoissance de la nature humaine, des vérités que nous ne pouvions pénétrer par les seules lumières de la raison, ont conclu sagement par la raison même, qu'elles ne pouvoient être connües sans un secours du ciel, à qui il étoit de sa bonté de nous les manifester, comme à nous d'y recourir avec autant d'empressement que de docilité. Et telles sont celles qu'a daigné nous réserver, qu'a daigné nous enseigner le Créateur par des Ecrivains, qui ayant succédé tant au premier homme qu'aux premiers hommes, l'ont transmise successivement à la postérité, de même que la génération présente la transmettra à celle qui lui succédera. Or si les philosophes les plus raisonables de l'antiquité auroient profité avec la plus vive ardeur des lumières par lesquelles les livres saints les auroient éclaircis sur des connoissances qu'ils sentoient leur manquer ; si les philosophes les plus sensés d'entre nous ont également reconnu le besoin d'une assistance divine, d'une révélation d'en-haut, pour comprendre ce que la lumière seule de la raison ne pouvoit leur expliquer, serions-nous assez déraisonables pour ne pas recourir à cette autorité si desirée des anciens, & que nous possédons entre nos mains ? Ouvrons-la donc, consultons-la donc avec le plus grand empressement, cette Ecriture si propre à ous éclairer.

Origine céleste de l'Ame.

Qu'est-ce enfin que notre ame qui nous place au rang des intelligences célestes ? Répondons de nouveau à cette question, que si tous les hommes les plus versés dans les sciences humaines, n'ont pu nous l'expliquer, nous devons en revenir par une juste préférence à ce que nous en apprenent les livres saints. Cette ame, cette intelligence qui est en nous, est, nous disent - ils, *un soufle divin* que le Créateur, *après avoir formé le corps de l'homme, inspira aussi-tôt sur son visage*, comme sur la partie la plus noble & la plus distinguée de lui-même. A ce moment répétons de nouvau, quelle noblesse! Quelle magnifique origine! Quelle grandeur! Quelle précieuse découverte pour l'homme! Quelle élévation! Mais qui pouroit nous dire ce que c'est que ce souffle divin? En quoi consiste cette ame, cette intelligence? Contentons-nous de savoir pour le présent que c'est une substance spirituelle qui est sans divisibilité, sans étendüe, immortele, douée de raison, de liberté, de science, de jugement pour se conduire, de sagesse pour gouverner; en un mot d'intelligence & de mille autres qualités par lesquelles Dieu l'a rendüe capable de l'imiter, afin de lui en rapporter l'honeur & toute la gloire. *Gen. 1 & 2.*

L'ame, ce souffle actif, cette substance pure,
Annonce hautement sa céleste nature.
Elle est spirituele, & ne mourra jamais.
Tout l'offre à ma raison sous les plus nobles traits. *Muses chrét. p. 206.*

Elle pense, elle juge, elle a droit de connoître
Cet Être souverain, principe de tout être :
D'admirer sa puissance en tout ce qu'elle voit ;
Le benir humblement des biens qu'elle en reçoit ;
Quels rares attributs elle rassemble en elle !
Amour du bien moral, liberté de pouvoir,
Lumineuses clartés, desir de tout savoir,
Usage réfléchi de cette raison saine,
Qui vers la vérité par sentimens l'entraine ;
Mais la perfection de ces dons précieux,
Dans ce séjour terrestre est caché à nos yeux ;
Un être si sublime, & qui par son essence,
N'est que vie & chaleur, lumière, intelligence ;
Dans la nuit du néant doit-il être plongé,
Quand des liens du corps il sera dégagé ?
Laissons ce doute absurde à l'aveugle sceptique ;
Son immortalité n'est point problématique.
Tout dépose pour elle ; & son activité,
Et sa nature simple & sa sublimité ;
L'Infini qu'elle sonde & tâche de connoître ;
Ses élans enflamés vers l'Auteur de son être.
Non, je ne croirai pas, o Moteur souverain !
Que ta sagesse ait mis vainement dans son sein
D'un bonheur éternel l'attente & le présage,
La soif d'un nom célebre, & vivant d'âge en âge ;
Ce desir d'une paix qu'envain je cherche en moi,
Que mon cœur inquiet ne peut trouver qu'en toi.
Tout m'assure à l'envi, qu'à son principe unie,
Mon ame doit jouir d'une immortele vie ;
Et d'un torrent de biens s'enivrant à longs traits ;
T'adorer, te benir, & t'aimer à jamais.

DULARD, sur la grandeur de Dieu.

Telles sont les sublimes vérités que nous découvrent les livres saints, ces titres précieux de la noblesse, de la grandeur & de la dignité de la nature humaine. Ainsi plus éclairés & plus satisfaits par ces connoissances, que par celles de toute la philosophie humaine, gardons-nous de vouloir aussi témérairement qu'inutilement en pénétrer davantage. Occupons nous seulement à rendre graces au Seigneur de nous en apprendre plus par ses Ecrivains sacrés, que ne le peuvent les hommes par leurs plus profondes recherches. Réfléchissons sur ce que nous enseigne l'Ecriture sur la nature de notre ame, & sur l'excellence de son origine qui nous approche si glorieusement de la Divinité. Car si nous ne savons pas profiter de tant d'heureuses connoissances, si nous ne savons pas en faire un meilleur usage pour nous conformer aux volontés du Tout-Puissant; de quoi serviroit-il d'en apprendre davantage, & de s'étudier à répondre aux questions interminables de ceux que la curiosité anime plutôt que le desir de s'instruire solidement, & de travailler à leur perfection. Si néanmoins ceux ci veulent parvenir à de plus profondes connoissances, qu'ils sachent que c'est seulement la récompense de ceux qui s'attachent sincèrement à acquérir cette perfection que demande de nous, le Dieu de qui nous tenons les graces & les distinctions les plus signalées.

Moyens de conserver cette origine céleste.

Quant à nous, Chrétiens, que les lumières de notre Religion élevent au-dessus de ceux qui se dégradent par leurs passions charneles : au-dessus de ceux qui ne veulent écouter que les foibles lumières de leur raison : au-dessus même de ceux qui font de leur raison l'usage le plus louable ; sachons que si nous ne profitions pas de tous les précieux avantages que nous procurent les sources sacrées que nous avons au milieu de nous, loin d'avancer dans ces sublimes connoissances, non seulement nous perdrions toutes celles que nous procure cette Religion divine ; mais l'orgueil dans les uns les mettroit au rang de tant de faux philosophes qui s'égarent dans les plus vains raisonemens ; mais les passions terrestres dans les autres les placeroient avec ceux qui ne rougissent pas de s'assimiler aux animaux les plus méprisables. Voulons-nous donc éviter de pareils malheurs ? Pénétrons-nous sans cesse du bonheur inestimable de nous voir élevés par le Créateur au-dessus de toutes ses créatures. Admirons les moyens par lesquels il a daigné rendre l'homme ici-bas un Ange d'un ordre particulier, tenant à la terre & au ciel. A la terre par tous les avantages de son corps qui le lient puissament avec tous les ouvrages sensibles du Créateur : au ciel, par les facultés de son ame qui l'unissent avec les intelligences spiritueles, même avec Dieu, la suprême Intelligence.

Ainsi après avoir démontré jusqu'ici comment l'homme, à ne le considérer d'abord que par les avantages de son corps, surpasse les créatures qui nous environent ; comment ensuite son intelligence lui donne une supériorité si frapante. Venons admirer maintenant combien ce même homme fait par son corps & par son ame agissant de concert, ſait, dis-je, opérer les choſes les plus ſurprenantes. Combien l'un & l'autre unis enſemble, s'entraident, ſe ſecourent d'une manière ſi merveilleuſe, que l'on y reconnoît à chaque inſtant la main du Tout Puiſſant, qui a daigné rendre l'homme participant à ſon intelligence ſouveraine, & aux ouvrages qu'il a tirés du néant? Suivons-le donc cet homme, ſuivons-le dans les uſages qu'il fait chaque jour des facultés de ſon ame & de ſon corps, afin d'admirer celui à qui le Créateur a tranſmis, a confié le ſoin honorable de diſpoſer de tout à ſon gré ici-bas, d'inventer, de conſtruire, de régler, de gouverner, de créer même en quelque ſorte.

Combien l'intelligence de l'Homme anime ſes opérations.

D'abord, ſi pour exécuter tant de merveilles, nous voulons examiner attentivement quelle eſt la première opération que nous voyons ſe manifeſter dans l'homme, dès qu'il commence à ſe connoître & à ſe ſentir; nous remarquerons que c'eſt particulièrement de rappeler à lui-même cette intelligence, cette ame dont il se sent doué. A l'instant il donne à son corps un mouvement, une action qui lui communique en quelque sorte une ame, une intelligence. Pour rendre de plus en plus ces vérités sensibles, commençons à suivre l'homme dans ses opérations les plus communes, les plus ordinaires, les plus à sa portée.

Usages qu'il tire des productions de la terre.

L'homme voit-il devant lui une terre immense, de vastes campagnes couvertes de plantes, & de toutes sortes de productions variées à l'infini; tandis que les différens animaux qui habitent ces mêmes régions, les laissent incultes, sans en faire d'autres usages que d'y recueillir quelques graines, quelques pâtures propres à leur espèce; l'intelligence de l'homme lui inspire au contraire de faire changer de face à ces vastes contrées, & d'y mettre tout en vigueur, tout en valeur. Si donc les ronces & les épines, les cailloux & mille obstacles lui rendent inutiles tant de campagnes, son esprit, son intelligence, son ame lui inspire mille moyens de les rendre fertiles, à l'aide des instrumens qu'il invente, qu'il fabrique, pour abatre, trancher, tailler, pour fendre la terre, semer, recueillir. Et bientôt avant le retour des saisons glacées, ses greniers, ses granges, ses celliers abondent de fruits de toute nature, dont les uns se consomment pendant les frimats, les autres se conservent des années entières, ceux-ci se transportent dans les pays les plus lointains.

Voit-il ailleurs de vastes forêts dont les chênes superbes s'élèvent jusqu'aux cieux, & couvrent au loin la surface de la terre? tandis que les lions, les tigres, les animaux les plus vigoureux, & même les plus industrieux d'entr'eux, n'y trouvent que des lieux sombres où ils se retirent, des herbes, des écorces dont ils se repaissent; l'homme si foible en apparence, mais armé de haches & d'autres instrumens qu'a formés son intelligence, l'homme, dis-je, perce les forêts, abbat les plus grands arbres, destine les uns pour ses foyers, réserve les autres pour ses énormes charpentes, & pour mille autres ouvrages où brillent son art, son génie, son adresse. Les cavernes, les antres de la terre, pouroient, sans baucoup de peines, lui servir comme aux animaux, de refuge, de demeure. Mais que son intelligence féconde en inventions, lui présente de moyens pour tirer des rochers & du centre de la terre, des pierres, des marbres, des minéraux de toutes sortes, dont il forme des édifices variés à l'infini! de superbes palais, & des villes entières, dont les matériaux étoient ensevelis & cachés dans les entrailles de la terre.

Communications d'un pays à l'autre.

Les communications d'un pays, d'une région à l'autre sont-elles interrompues par mille obstacles, par des bois épais, par des terreins marécageux, des rivières, des montagnes? S'il ne peut, comme les oiseaux, franchir d'un vol léger toutes ces difficultés, plus industrieux qu'eux, son intelligence y supplée par des digues qu'il forme au milieu des terres fangeuses, par des terres dont il comble les ravines, des ouvertures qu'il pratique à travers les montagnes & les rochers, par les rochers mêmes dont les fragmens affermissent & consolident les routes nouveles qu'il s'est pratiquées, & qui nuit & jour sont couvertes de lourdes voitures & fréquentées par des voyageurs sans nombre.

Les rivières, les fleuves viennent-ils augmenter ces obstacles ? ce n'est, ce semble, que pour faire éclater davantage son intelligence, son industrie dans les chemins qu'il éleve en quelques sortes sur les eaux, par les ponts qu'il construit comme en triomphe sur un élément qui paroissoit invincible. De vastes mers, l'Océan lui présente-t-il encore des difficultés plus insurmontables ? Rien ne rebute l'intelligence de l'homme ; rien de plus admirable alors que la construction des vaisseaux, des flottes mêmes qui forment sur le fier Océan des villes ambulantes, pour transporter dans des pays auparavant inconnus, des colonies entières, des charges immenses de toutes sortes de vivres, d'animaux, de provisions, qui forment à l'instant au milieu des deserts, une ville entière, bien

bien peuplée & pourvüe de tout ce qui est nécessaire aux nouvaux habitans.

Sociétés qui unissent les hommes entr'eux.

Si après avoir suivi l'homme dans ses travaux, dans ses actions au milieu des champs, à travers les bois & les marais, sur les chemins, les rivières, les fleuves & les mers, nous le fesons revenir à lui-même, & dans le centre des sociétés dont se forment les hamaux, les bourgs, les villes, les provinces & les différens royaumes, que d'autres merveilles ne nous présente-t-il pas! Que de travaux de toutes parts! Que de mouvemens divers! Que d'entreprises à l'infini exécutées par son génie, son invention, son art, son intelligence, ses raisonemens, ses combinaisons, sa prévoyance!

Ici je vois les hommes s'entr'aider mutuellement, se sécourir les uns & les autres, travailler de concert aux besoins communs de la société; se communiquer par des échanges réciproques, ou pour des sommes légitimes, les néceſſités de la vie. Ailleurs j'admire de ſages établiſſemens pour former la jeuneſſe dans les différens arts convenables à chaque état, pour l'inſtruire dans les ſciences les plus propres à la rendre utile à la ſociété, & pour élever les hommes dans les bonnes mœurs, qui ſeules contribuent au bonheur de chacun en particulier, comme à celui de toute la ſociété en général. Quoi de plus ſatisfeſant enſuite que de conſidérer les heureux ſuccès de cette éducation, qui donne à la ſociété les ſujets les plus propres à remplir les différentes places dans un Etat, à s'acquitter chacun de ſes fonctions avec exactitude? Qu'y a-t-il encore de plus remarquable que de conſidérer ces différens tribunaux, où chaque citoyen vient implorer & obtenir la juſtice qu'il deſire; & où des Magiſtrats équitables & éclairés font revivre ſans ceſſe les loix les plus ſages, afin de conſerver l'union, la paix & la tranquillité entre les familles, & les différens corps de la ſociété.

Rois de la terre.

Quoi de plus admirable enſuite que

de voir comment toutes les différentes parties de cette société se réunissent sous un seul Chef, sous un seul Souverain, comme tous les rayons d'un cercle à leur centre, pour en devenir le lien, la force & l'appui ! Non certainement il n'est rien dans la nature humaine où brille, où éclate davantage le génie, la force, l'intelligence de l'homme, que dans ce Chef en qui vienent par un heureux accord se réunir toutes les connoissances, toutes les forces, toutes les ressources de chaque citoyen, de chaque ville, de chaque province, pour refluer ensuite de ce centre admirable sur les différens membres d'un Etat, afin de protéger chaque particulier, afin d'unir de plus en plus non seulement tous les citoyens, toutes les provinces ensemble, mais pour les lier eux-mêmes avec tous les autres Royaumes, avec les autres Puissances du monde, dont le Souverain connoit les intérêts différens, les avantages, les productions, le génie, les forces, le commerce. Correspondances mutueles qui augmentent le bonheur des peuples soumis à son empire, les lient, pour ainſi-dire, eux-mêmes, avec toutes les différentes parties de la Terre, où ils peuvent, ſous ſa protection, voyager en ſûreté, en connoître les propriétés, les avantages, les merveilles, les loix, les mœurs; y communiquer leurs richeſſes, leurs connoiſſances, & eux-mêmes en rapporter d'autres en échange.

Admirables ouvrages de l'art humain.

Si de ce point de vûe général, du génie & de l'intelligence de l'homme, qui met ainſi toute la Terre en mouvement & en action, nous voulons encore revenir ſur quelques détails particuliers, mais toujours liés au général de la ſociété humaine, peut-on ne pas admirer les ouvrages multipliés de l'eſprit humain, de ce génie créateur, inventeur, conſtructeur, réformateur? Quelle merveille en effet que de voir cette multitude innombrable des différens arts qui occupent chaque habitant de la Terre! Quelle étendue de génie, d'adreſſe, d'intelligence dans quelqu'état que nous voulions conſidérer l'homme!

Depuis celui qui du limon de la terre en forme les vases, les figures les plus communes & les plus ordinaires, jusqu'à cet autre, dont les ouvrages de porcelaine sont le plus délicatement travaillés, quel art util & nécessaire dans les premiers, quelle perfection de dessein dans les autres! Ailleurs mille ouvriers industrieux, conduits par un chef intelligent, fabriquent chaque jour, pour nos habillemens, nos tentures, nos ameublemens, des étofes de tout genre, de toute espèce, des tapisseries aussi élégament variées qu'artistement travaillées.

Un autre au milieu de sa forge, & semblable au maître du tonnere, environné de flammes, donne aux métaux les plus durs, toutes les formes qu'il souhaite, en dispose comme d'une cire molle, pour l'approprier à tous les usages possibles de la société humaine. Ceux-ci par la légereté de leur pinceau, ceux-là par la finesse de leur burin, surprenent agréablement notre vüe, en nous représentant au naturel le tablau du Prince qui nous gouverne, une riche campagne embélie de bois, de prairies, de ruiſſeaux; un ſuperbe édifice, ou l'entrée triomphante d'un vainqueur. Que d'art, que de précautions dans ceux-ci qui, par la fonte des métaux, imitant en quelque ſorte le Créateur, forment en un inſtant une figure giganteſque, un mortier, un canon, ou l'éclatant ſignal qui avertit les fidels de ſe rendre au temple du Seigneur? Avec quelle promptitude ceux-ci d'un coup de balancier, expriment-ils le médaillon qui doit tranſmettre à la poſtérité les faits mémorables de chaque ſiecle, où fabriquent-ils tant de monnoies ſi utiles au commerce des citoyens?

En quoi l'homme marque-t-il encore plus d'adreſſe que dans ces horloges, ſoit à demeure, ſoit portatives, & dont les pieces ſi admirablement engrainées les unes dans les autres, concourent toutes enſemble par l'égalité de leurs mouvemens divers, à diviſer en parties égales les heures de nos journées? En un mot quel tems n'exigeroit pas tout le détail preſque infini des arts différens dans leſquels nous voyons l'homme nous étoner à chaque inſtant par l'intelligence, l'industrie avec laquelle il sait mettre en vigueur toutes les productions de la terre, créer, produire, former mille & mille ouvrages plus industrieux les uns que les autres, & auxquels on ne sait souvent à qui devoir accorder la préférence.

Edifices de l'Homme tant sur mer que sur terre.

Si après l'examen de tant d'ouvrages divers, nous voulons nous transporter dans le palais de quelque grand de la terre, j'y trouve comme réuni par l'intelligence du maître qui l'habite, tout ce que nous avions admiré jusqu'ici dans chaque artiste particulier. Vaste édifice dont le seul extérieur, l'entrée, les cours, les différens pavillons fixent notre attention par leurs colones, & toute leur superbe architecture; l'intérieur par la distribution des galeries, des sales, des différens appartemens, par la beauté, la rareté des tablaux, l'éclat des dorures, le travail des marbres précieux, la richesse des meubles, la recherche des vases & des plus précieux ornemens; mais ſur-tout par l'ordre, l'intelligence qui regne dans ce magnifique palais.

Que je quitte tous ces grands édifices élevés au milieu des villes ou ſur le penchant des colines, & que je me tranſporte ſur les bords & ſur les rivages d'un élément plus mobile que le ſejour que nous habitons, quelle autre eſpèce d'édifices différens ne me préſente pas la vaſte étendüe de la mer, de l'Océan? Que de villes flottantes ſur ces plaines liquides, & dont la hauteur des bâtimens égale preſque nos tours les plus élevées, dont la longueur approche de nos plus grandes galeries, dont les partages intérieurs & les diviſions imitent les étages de nos habitations terreſtres! Que de cables, de voiles, de différens mats, de poulies, de cabeſtans, d'ancres de toute grandeur, de machines ſans nombre, inventées par le génie de l'homme, & réunies dans ces vaſtes édifices pour leur donner des mouvemens ſi rapides, & plus perſévérans ſur les eaux que ne le ſont ceux des oiſaux dans les airs.

Académies.

Si je quitte l'admirable ſpectacle que

que me présente l'Océan, & que je rentre plus avant dans le séjour que nous habitons, quelle étendue de savoir, de lumieres, de connoissances ne réunissent pas les différentes sociétés des hommes savans? Célebres Académies, dont les unes s'occupent à conserver dans sa pureté la langue dont nous nous servons pour rendre aux hommes nos pensées: dont les autres sont les dépositaires fideles des plus anciens monumens de la société ou de l'histoire de notre nation; dont celles-ci rassemblent toutes les sciences des anciens, & surpassent souvent celles des philosophes d'Athènes & de la Grece.

Sciences humaines.

Ailleurs d'habiles Géographes, à l'aide de leurs instrumens divers, lèvent non seulement le plan d'une ville, la carte d'une province, d'un royaume, mais des quatre parties du monde & de tout le globe que nous habitons. Là de savans astronômes, sans quitter la terre, s'élèvent jusqu'au ciel, nous tracent fidelement la marche des planetes & le cours des astres qui étincelent dans la voûte des cieux : prédiſent ce qui doit arriver dans cent ans comme dans mille. Quelle autre merveille de voir les uns par leurs ingénieux tuyaux à longue vüe, nous découvrir dans l'immenſité des aſtres, des étoiles nouveles, qui ne font que nous en annoncer encore une immenſité d'autres ! Ici, à l'aide des mêmes inſtrumens, les uns ſans nous déplacer, nous approchent des montagnes, des campagnes, des régions les plus éloignées de nous ; les autres par le ſecours de leurs microſcopes, nous décèlent dans les plus petits objets, des merveilles multipliées, & nous y découvrent de nouvaux mondes.

Hiſtoire naturele.

En un mot que de prodiges, de magnificences du Créateur, que d'ouvrages multipliés à l'infini, ne réuniſſent pas, & preſque ſous un coup d'œil, tant de riches cabinets d'hiſtoire naturele, de coquillages brillans, de plantes terreſtres ou marines, d'animaux de toute eſpèce, de minéraux, de pétrifications, d'arbres de toute forme, & de productions innombrables tirées du sein des eaux, des mers, de la terre, & de toutes les quatre parties du globe que nous habitons !

Bibliothèques.

Mais s'il ne nous est pas possible d'entrer dans tous les autres détails presqu'infinis de tout ce dont est capable le génie de l'homme, son intelligence, sa raison, son expérience & toutes les facultés de son corps & de son ame considérés ensemble ou séparément ; qu'y a-t-il qui les réunisse d'une manière plus étendüe, que ces grandes & vastes bibliothèques, dont le silence le plus majestueux, mais le plus éloquent, parle, instruit les hommes de tous les états ? Qu'y a-t-il qui nous le prouve davantage que ces dépôts précieux & si intéressans des sciences humaines, du savoir & de la capacité du genre humain ? Quelles sont les autres créatures sur la terre, qui, comme l'homme, ont jamais pensé à recueillir ainsi leurs connoissances, leurs sciences, leurs ouvrages, leurs inventions, leurs pensées, leurs réflexions, pour en instruire la génération présente & la postérité la plus reculée? Aussi quel établissement fait plus d'honeur au génie de l'homme, le caractérise davantage, le distingue plus parfaitement de toutes les autres créatures? Oui c'est là que chacun, selon son goût, son génie, sa vocation, ses talens, peut aller tranquillement & en silence, consulter, lire, s'instruire de tout ce qu'il peut desirer: profiter des travaux, des lumieres, des connoissances de tous ceux qui l'ont précédé. Agriculture, architecture, histoire de tout genre, anciene ou moderne, nationale ou étrangère, belles-lettres, les arts, la jurisprudence, les sciences, l'astronomie, l'art militaire, la vraie philosophie, la solide morale, & sur-tout celle que nous enseignent les livres saints & la Religion chretiene.

Récapitulation sur l'intelligence de l'homme.

Lors donc qu'on se rappele en un seul instant tout ce dont le génie de l'homme est capable, tous les ouvrages ſans nombre que lui donne la facilité d'entreprendre la perfection des organes de ſon corps, & les facultés de ſon ame : lorſque l'on conſidère ce que peuvent & l'ame & le corps ſéparément, ou l'ame & le corps opérant de concert, peut-on ne pas convenir que l'homme eſt véritablement un prodige de ce monde ? Peut-on n'être pas ſurpris de voir tout ce qu'il eſt capable d'entreprendre, & tout ce dont il vient heureuſement à bout ? Vaſte génie qui embraſſe tout, que rien ne rebute, qui s'élève aux plus hautes entrepriſes dans le ciel, ſur la terre, les mers, les élémens, & qui prend connoiſſance de tout. Oui, ſa mémoire preſqu'auſſi étendüe que la nature, eſt comme un grand réſervoir où il conſerve en bon ordre le nom de chaque choſe & leurs propriétés, pour en faire uſage au beſoin, & mettre en œuvre les différentes richeſſes de ſon ſejour. Elle eſt comme un tablau fidel qui lui retrace toute la ſuite de ſa vie, & à l'aide de laquelle il parcourt avec autant de facilité que de rapidité les événemens en foule qui ſont venus à ſa connoiſſance. Et loin de les embrouiller par la trop grande variété des objets, son intelligence qui sait les distinguer, semble se fortifier & s'étendre, à mesure qu'il la met en exercice. Son esprit l'entretient agréablement des particularités de tous les climats, lui rappele les biens & les maux qui se sont faits de siècle en siècle; lui représente à propos les découvertes des grands hommes, les traits ravissans des grands orateurs & des bons poëtes, les réflexions des hommes perfectionés par une longue expérience, & par tout ce qu'ils ont pu apprendre ou par leurs observations, ou par les études & les travaux de leurs semblables.

Invitation aux hommes terrestres de reconnoître leurs distinctions d'avec les animaux.

A ce moment est-ce donc trop dire, que l'homme est véritablement un prodige des plus surprenans de la nature, même sans le considérer encore sous ses rapports à Dieu, de qui il tient tant d'avantages? Où sont donc ces hommes assez aveugles, assez brutes pour comparer l'homme aux plus vils animaux ? Pour aller même jusqu'à oser dire que c'est à eux & non à Dieu que nous devons toute notre industrie? Qu'ils disparoissent au loin ces hommes si matériels ; qu'ils soient eux-mêmes banis de notre société, qu'ils aillent se retirer, s'enfoncer & vivre avec ceux auxquels leur conduite ne les assimile que trop. Appelons à leurs places ceux d'entre les hommes qui n'écoutant que les seules lumières de la raison, ou les payens même qui malgré leur ignorance sur l'existence du vrai Dieu & sur la véritable nature de l'homme, du moins reconnoissoient en lui des caractères si supérieurs aux autres créatures, qu'ils n'ont pu s'empêcher d'en attribuer la cause & l'origine à quelque Divinité.

Mais que dis-je ? Rappelons au contraire de leurs forêts, & de la compagnie des animaux, ceux que nous y avions relégués. Invitons-les à se rendre plus dignes de la nôtre & de toute la société humaine prête à les recevoir; puisque malgré tous leurs efforts pour s'avilir, tout leur prouve la supériorité qu'ils manifestent eux mêmes à chaque instant, & leur plus grande différence d'avec ceux auxquels ils veulent se comparer. Puissent-ils donc s'appliquer cette belle parabole de l'Evangile au sujet de l'enfant prodigue qui, après avoir dissipé tous ses biens, & s'être livrés aux passions les plus brutes, réduit à conduire les pourceaux, avec lesquels il ne pouvoit même partager leur nouriture, regrétoit chaque jour avec larmes la maison paternele qu'il avoit abandonée.

Luc 15, 11, &c.

Ainsi, Chrétiens, après avoir rappelé nos frères, nos semblables au milieu de nous, & leur avoir assigné une place plus distinguée que celle qu'ils s'étoient choisie ; revenons à considérer l'homme dans son véritable point de vüe, dans sa véritable origine, dans sa véritable destination. Engageons les d'autant plus à s'unir avec nous, qu'il s'agit maintenant de considérer l'homme dans sa véritable fin, c'est-à-dire, dans ses rapports intimes avec la Divinité, de qui il a reçu tous les avantages du corps & de l'ame que nous avons relevés jusqu'ici, & de qui il ne peut en attendre que de plus grands encore, en s'unissant à son divin Bienfaiteur. Empressons - nous pour cela d'entrer dans cet examen si intéressant pour nous, si propre à relever de plus en plus la dignité de l'homme, à répondre à tout ce que son ame peut desirer, & à ce qui seul peut & doit lui procurer la satisfaction du cœur la plus solide & la plus accomplie.

TROISIEME PARTIE.

Dignité de l'Homme considérée dans ses rapports avec Dieu.

Imperfections des connoissances humaines sans celles de Dieu.

QUAND *j'aurois*, nous dit St. Paul dans son épitre aux Corinthiens, *quand j'aurois acquis les connoissances les plus profondes, & que je posséderois toutes les sciences possibles;* cependant ajoute-t-il, *si je n'ai pas la charité*, c'est-à-dire, l'amour de Dieu, si je ne sais pas lui rapporter toutes mes actions, *je ne suis pas plus estimable que cet instrument dont le son frappe les airs & s'évapore dans les nües.* De même pouvons-nous le dire, de quoi sert-il à l'homme d'être supérieur aux animaux, de les dompter, de les faire servir à ses volontés? De quoi sert-il à l'homme d'exercer sur la terre le plus beau domaine, d'y exécuter tant d'ouvrages surprenans, de manifester sans cesse tant d'art, tant

I Corin. 13, 1, &c.

de génie, s'il ne reconnoit la ſource ſuprême de qui il tient tant de privilèges, s'il ne les rapporte à Dieu qui la crée pour connoître ſes œuvres, pour en être comme l'ame, l'intelligence, & pour lui en rendre graces?

Si donc juſqu'à ce moment, en conſidérant l'homme dans tous les avantages naturels qu'il a reçus, nous avons pu ſatisfaire les ſavans ſelon le monde, apprenons à ſatisfaire encore plus les ſavans ſelon Dieu. Si nous avons enviſagé l'homme juſqu'ici, plus encore dans un point de vüe de philoſophie humaine que de philoſophie chrétiene, apprenons à le conſidérer maintenant plus en philoſophe chrétien qu'en philoſophe humain, je veux dire dans ſes heureux rapports, dans ſon union avec la Divinité. Car ſans cela, quels que ſoient les avantages de l'homme, ſa ſupériorité ſur toutes les autres créatures, l'étendüe de ſes connoiſſances; cependant l'expérience n'a que trop fait connoître que ſans un ſecours particulier du ciel, il n'eſt pas d'égaremens dans leſquels il ne puiſſe donner, tantôt ſur l'exiſtence de Dieu, tantôt ſur la nature de notre ame, tantôt ſur la création de l'Univers. Egaremens d'autant plus grands, que sont grands & vastes les génies qui imaginent sans cesse les systêmes les plus opposés à la vraie philosophie que renferment les livres saints. Tant il est vrai qu'il n'est point de plus mauvaise philosophie, ni de plus trompeuse, que celle qui étudie la nature, que celle qui s'étudie soi-même, sans y reconnoître les desseins de Dieu, sa bonté, sa complaisance pour nous. Tandis que le simple Chrétien instruit des vérités les plus ordinaires sur l'existence de Dieu & sur la nature de l'homme, déjà plus heureux & plus éclairé que les grands génies que le monde exalte, éprouve dès cette vie la félicité la plus pure dans ses rapports avec Dieu, dans son union avec celui qui par tant de bienfaits dont il nous comble sans cesse, veut nous attirer à lui pour lui en témoigner sans cesse nos hommages & notre reconnoissance.

Muses chrét. p. 366.

Envain le Philosophe pense voir la clarté,
De la vérité pure est-il moins écarté ?
Plus criminel encor que le simple vulgaire,
Loin de rendre au Seigneur le culte nécessaire,

Il perd, vide d'amour, le fruit de ses sueurs,
Son esprit s'évapore en de vaines lueurs.
En différens sentiers les vains sages s'égarent,
Par des sectes sans nombre entr'eux ils se séparent.
La raison s'obscurcit, la simple vérité,
Se perd dans les détours de la subtilité.
Oui, grand Dieu, c'est envain que l'humaine foiblesse
Sans toi veut se parer du nom de la sagesse.
Quiconque se couvrit de ce titre pompeux,
Fut de tant de faux sages, le moins sage à tes yeux.

L. RACINE, Poëme de la grace.

Vous donc, ô mortels, qui êtes parvenus dans le monde, & selon le jugement des hommes, aux plus hautes connoissances : vous qui vous êtes illustrés par les plus grandes entreprises, & quelquefois même les plus louables; franchissez courageusement le pas qui vous retient, le respect humain qui vous arrête, & qui vous empêche de vous élever plus haut. Sans cela permettez-moi de vous dire, que c'est vous arrêter tout-à-coup & au milieu du plus beau chemin, qui vous conduit si naturellement au Dieu suprême, auteur, créateur, conservateur de toutes les merveilles qui nous environent, & dont nous sommes nous-mêmes une des plus frapantes. Apprenez que vous êtes créés pour porter plus loin nos vües, pour arriver jusqu'au Créateur du Ciel & de la Terre, jusqu'à celui qui a créé tant de magnificences pour vous, jusqu'à celui enfin que nous connoissons plus parfaitement par les livres saints qu'il nous a transmis d'âge en âge, que par les écrits purement humains, dont plusieurs ne nous montrent de siècle en siècle que les égaremens de l'homme séparé de Dieu, & son ignorance la plus profonde, lorsqu'il s'agit de l'Être suprême, de la création de l'homme & de sa véritable destination.

Muses chrét. p. 16.

La voix qui retentit de l'un à l'autre pôle,
Et qui fit l'Univers d'une seule parole,
Ce tonnere éclatant, cette divine voix,
A qui savent répondre & les monts & les bois,
Et qui fait qu'à leur fin toutes choses se rendent :
Que les cieux les plus hauts, que les lieux les plus bas,
Que ceux qui ne sont pas, & que les morts entendent;
Mon ame, elle t'appelle, & tu ne l'entends pas !

GOMBAUD, *œuvres diverses.*

Muses chrét. p. 117.

O puissance ! O sagesse ! O bienfaits continus !
Ah, Seigneur, l'homme en toi pouroit-il méconnoître
Et son conservateur, & son pere & son maître?
Qui t'ose refuser son encens & son cœur,
Qu'on l'abhorre : un tel monstre est bien digne d'horreur.

DULARD, *sur la grandeur de Dieu.*

Admirons-nous donc nous-mêmes, mais admirons encore plus dans nous ce que nous tenons de Dieu, pour le connoître, pour connoître ses merveilles, & pour nous connoître nous-mêmes. Admirons comment l'homme est véritablement un Ange & terrestre & céleste, dit St. Grégoire de Naziance. Ange terrestre par la perfection des organes de son corps, qui l'unit à toutes les magnificences de toute la nature. Ange céleste par les facultés de son ame qui l'élèvent au-dessus des substances corporeles, les met au rang des intelligences célestes, & l'approche de Dieu même.

Oui, telles sont les vérités les plus consolantes que nous enseigne la philosophie chrétiene, & que nous confirment les livres saints, en nous révélant comment Dieu a formé en nous un corps si parfaitement organisé; comment il l'a animé d'un souffle de vie tiré de lui-même. Connoissances qui en nous démontrant l'excellence de notre origine & l'auteur de notre existence, nous élevent, nous distinguent & nous satisfont plus que toutes les creuses recherches des sages du monde. Telles sont aussi les vérités que nous allons maintenant nous attacher à vous rendre plus sensibles, en comparant le philosophe du siècle avec le philosophe chrétien : en examinant combien l'un ne parvient qu'aux connoissances souvent les plus bornées, tandis que l'autre s'éleve à ce qu'il y a de plus sublime.

Supériorité de la Philosophie chrétiene à toute autre.

En effet, tandis que le philosophe du monde s'efforçant par son seul raisonement à pénétrer la nature de notre ame & son union intime avec le corps, se livre à de savantes conjectures, mais qui ne l'en égarent pas moins, le philosophe chrétien pleinement satisfait de ce que lui apprend la Religion, avoue que si d'ailleurs il n'en pénètre pas autant que la curiosité humaine le demanderoit, cette difficulté, en lui montrant les bornes de l'esprit humain, lui découvre en même tems, l'étendüe de la puissance infinie d'un Dieu. En sorte qu'il reconnoit avec admiration & avec extase, comment, lorsqu'il s'agissoit s'agissoit de former notre ame, & d'en réunir les sentimens avec les organes de notre corps, il ne pouvoit y avoir que la main du Tout-Puissant, que le Maitre souverain des corps & des ames qui seul pût exercer un si admirable empire, & qui pût opérer une union aussi incompréhensible. Dès-lors s'estimant infiniment heureux d'être lui-même l'objet d'une si grande merveille, qui le remplit de la plus profonde reconnoissance envers ce Maitre suprême, il ressent de plus en plus que tous les moyens admirables par lesquels le Créateur a daigné nous unir à lui & à ses merveilles, sont pour nous une obligation perpétuele de lui en rendre tout l'honeur, toute la gloire & tout l'homage, & qu'autant l'homme dégrade sa dignité; & s'égare sans fin lorsqu'il ne tient pas cette conduite, autant au contraire il releve ses avantages & les augmente, lorsqu'il reconnoit le Dieu de qui il les tient, lorsqu'il met toute son application à lui rapporter tout ce qu'il voit & dans lui & dans toute la nature entiere.

Ainsi, tandis que cet autre qui vante

avec vérité les ouvrages de l'homme ; sa sagacité, son génie, & tout ce qui nous le fait remarquer comme une merveille dans la nature, ne va cependant pas plus loin, mais s'arrête tout à coup sans s'élever vers la source de toutes les distinctions dont il jouit ; le simple Chrétien qui dit avec Saint
1. Cor. 4, 7. Paul : *Seigneur, qu'avons-nous que nous n'ayons reçu de vous ? Et si nous tenons tout de vous, pourquoi ne nous en glorifirions-nous pas ?* Le simple Chrétien, dis-je, admirant également toutes les merveilles de la nature qui nous environent, & dont l'homme est une des principales, goûte de jour en jour la satisfaction la plus douce & la plus pure, en y reconnoissant à chaque pas la grandeur des ouvrages du Créateur, & en glorifiant sans cesse l'Auteur suprême des merveilles de l'Univers, au milieu desquelles sa bonté nous a placés.

Le Philosophe Chrétien admirant sur la terre les ouvrages du Créateur.

Si donc, pour revenir sur ce que nous avons exposé d'abord, nous n'avons conſidéré que d'un œil purement humain le travail, l'induſtrie de l'homme cultivant la terre avec le plus grand ſoin ; pendant que le monde ordinaire n'y reconnoit que les avantages temporels qui lui en revienent ; le ſpectateur chrétien convenant également de ces mêmes avantages, porte plus loin ſes regards, s'éleve juſqu'au Créateur, contemple la perfection de ſes ouvrages dans les plantes de la terre, dans les fruits qu'elle produit, & convient avec le même Apôtre que, quels que ſoient les travaux de l'homme, cependant *celui qui plante & qui arroſe n'eſt rien, mais que tout vient de Dieu qui donne l'accroiſſement à la culture de l'homme.* Alors plus il médite cette vérité, plus il s'unit à David, pour répéter avec lui : *Seigneur, toutes les créatures attendent de vous la nouriture que vous leur donnez chaque jour : toutes ſont comblées des biens que répandent vos mains libérales. Suſpendez-les un inſtant, nous rentrons dans le néant : rendez-nous les, vous nous rendez la vie. Soyez donc glorifié à jamais.* Qu'un tel langage remplit de ſatisfaction le philoſophe chrétien, en comparaiſon

I. Cor. 3, 7.

Pſ. 103, 27. & ſuiv.

de la philoſophie sèche & incertaine des ſages du monde.

Muſes chrét. p. 313.

Tout obéit à Dieu, tout cede à ſa puiſſance ;
A ſes terribles coups nul ne peut échaper.
Mais pour ſignaler ſa vengeance
Il n'a pas beſoin de fraper.
Maître de ſon ouvrage, il a pu le produire ;
Et former d'un ſeul mot tout ce qui n'étoit pas ;
Il le conſerve, & s'il veut le détruire,
Il n'a qu'à retirer ſon bras.

Le P. PORÉE, *tragédie d'Agapit.*

Muſes chrét. p. 244.

Tout l'Univers eſt plein de ſa magnificence.
Qu'on l'adore ce Dieu, qu'on l'invoque à jamais.
Son empire a des tems précédé la naiſſance.
Chantons, publions ſes bienfaits.
Il répand ſur les fleurs leur aimable parure,
Il fait naître & mûrir les fruits.
Il leur diſpenſe avec meſure
Et la chaleur des jours & la fraîcheur des nuits.
Le champ qui les reçut les rend avec uſure.
Il commande au ſoleil d'animer la nature,
Et ſa lumière eſt un don de ſes mains.
Mais ſa loi ſainte, ſa loi pure,
Eſt le plus riche don qu'il ait fait aux humains.

J. RACINE, *tragédie d'Athalie.*

Tandis que les uns ſe livrent à de grandes obſervations, & forment de curieuſes diſſertations ſur les plantes, les arbres, les végétaux, les minéraux, les pierres précieuses, & sur toutes les richesses de la terre; le spectateur chrétien, non moins attentif à tant de découvertes intéressantes, porte plus loin ses réflexions, pour en tirer des conséquences qui l'élevent au-dessus des observateurs purement mondains & spéculatifs. Il admire dans toutes ces choses créées la grandeur, la richesse, la magnificence, la fécondité inépuisable des œuvres du Créateur, qui depuis la formation de l'Univers, perpétue de siècle en siècle ses ouvrages, & les renouvelle chaque année par ce seul ordre donné dès la création du monde: *Que la terre*, dit-il, *produise toutes sortes de plantes, dont chacune renferme en elle sa semence & sa graine.* Il reconnoît ensuite comment s'exécute chaque jour le domaine que Dieu a transmis à l'homme sur tous ses ouvrages, en lui disant: *dominez sur la terre, je vous en donne tous les fruits & toutes ses productions .... Seigneur*, dit David à ce moment, *c'est donc ainsi que vous avez établi l'homme sur vos ouvrages?* Mais qu'y a-t-il sur-tout de plus digne de notre reconnoissance, dit un autre Ecrivain sacré, que cette

Gen. 1, 11 & 12.

Id. 28.

Ps. 8. 6.

Eccli. 17.

ame, que cette intelligence, & tant de facultés que vous lui avez accordées, pour diſpoſer à ſon gré de toutes les productions de la terre, & de tant de richeſſes que vous avez ſoumiſes à ſon empire?

Domaine de l'Homme ſur les animaux.

Si des productions dont la terre eſt remplie, le ſpectateur chrétien paſſe enſuite à cette multitude innombrable d'animaux de toute taille, de toute grandeur, de toute eſpèce, qui animent, qui vivifient le ciel, la terre & les eaux; tandis qu'un monde ingrat voit toutes ces merveilles avec indifférence, le Chrétien reconnoiſſant y admire ſans diſcontinuation l'agréable variété des ouvrages du Créateur qu'il adore, le pouvoir qu'il a tranſmis à l'homme ſur ſes créatures, en lui di-
Gen. 1, 28. ſant au moment de ſa création : *Dominez ſur les oiſeaux, les poiſſons, & ſur tous les animaux.* Il admire avec le prophête Roi, comment le Créateur
Pſ. 8, 8. *les a tous ſoumis à ſes commandemens*, & comment en effet chaque jour, en vertu de ſes ordres, nous diſpoſons de

leur vie, nous les employons à tous nos usages, & nous nous en servons comme de serviteurs & d'esclaves destinés à nos besoins & à toutes nos volontés. A la vue de tant de bienfaits du Créateur, & des distinctions qu'il a données à l'homme, l'homme chrétien s'unit aussi-tôt avec David, pour répéter sans cesse avec lui : *Seigneur, que vous êtes admirable dans l'Univers!* *Ps. 8, 10.* Eh quel malheur ne seroit-ce pas pour nous d'en faire un usage contraire à vos volontés.

Muses chrét. p. 11.

Grand Dieu modérateur, ame de l'Univers,
Qui sur lui tient les yeux incessament ouverts,
J'adore avec transport ta sagesse infinie.
C'est elle qui départ cette heureuse industrie
Aux troupes d'animaux sur la terre semés,
Ou volant dans les airs, ou dans l'onde enfermés.
C'est elle qui pourvoit aux besoins de leur vie,
Leur done cet instinct qui jamais ne varie,
Par mille & milliers, les fait multiplier.
Pour prix de tes bienfaits répandus sans mesure,
Seigneur, que vers ton trône un cri de la nature,
Un concert de louange à jamais répété,
S'éleve en exaltant ta gloire & ta bonté.

DULARD, sur la grandeur de Dieu.

Sociétés humaines.

Si après avoir considéré le domaine

que l'homme a reçu du Créateur ſur les animaux, ſur la terre & ſes différentes productions, nous jettons les yeux ſur les peuples qui forment les ſociétés, les villes, les provinces, les royaumes, & qui donnent à toutes les différentes parties de la terre tant d'actions, tant de mouvemens; pendant que l'homme trop terreſtre ne s'arrête qu'à des objets conformes à ſes vües purement humaines; le ſpectateur chrétien qui rapporte tout au Créateur, ne ceſſe de dire, que toutes ces nations, tant en général qu'en particulier, ne ſeront véritablement heureuſes, qu'autant qu'elles reconnoitront celui de qui nous avons reçu les biens, les diſtinctions, & les prérogatives dont il nous a comblés, & qu'autant que nous en ferons l'uſage le plus conforme à ſes volontés.

C'eſt dans ce principe que loüant d'ailleurs les établiſſemens que la ſageſſe humaine a formés, pour élever la jeuneſſe dans toutes les études, les ſciences, & les arts les plus propres à la rendre utile à la ſociété; le ſpectateur chrétien, en leur accordant tous les juſtes éloges qui leur ſont dus, les regarderoit

regarderoit néanmoins pour la plupart, comme des établissemens bien infructueux & bien stériles pour le vrai bonheur de l'homme, en comparaison de ceux dont l'objet est de nous conduire à la connoissance du Créateur, & de lui rapporter toutes nos pensées & toutes nos actions. Ainsi pendant qu'il admire les sages loix que les législateurs de ce monde ont établies pour l'heureux gouvernement des différentes parties de la société, il reconoit cependant que toutes ces loix ne sont bonnes qu'autant qu'elles sont conformes à celles de la sagesse éternele qui nous dit : *que c'est par elle que regnent les Rois, & que les législateurs ordonnent ce qui est juste.* Prov. 8, 15. Aussi est-ce dans cette vive persuasion, que Salomon sentant tout le poids du gouvernement du Royaume dont il étoit chargé, disoit au Dieu d'Israël : *Seigneur, donnez-moi la sagesse & l'intelligence; car sans elles qui est capable de juger dignement ce peuple innombrable ?* 2 Paral. 1, 10. Et quelle fut la réponse du Roi des Rois ? *Je vous donne non seulement*, lui dit-il, *les richesses & toute la gloire de ce monde que vous ne demandiez pas, mais* Id. 11, 12.

je vous accorde encore pour juger ce peuple, une telle ſcience & une telle ſageſſe, qu'aucun Roi ne vous a égalé juſqu'ici, & ne vous égalera par la ſuite.

Découverte des nouvaux mondes.

Oui, c'eſt ainſi que le Philoſophe Chrétien, toujours attentif à ce qui ſe paſſe en ce monde, admirant ce qui mérite de l'être, eſt continuelement occupé de tout rapporter à l'Auteur de toutes merveilles, & que tout ce qui ne tend pas à cet objet divin, ne fait plus ſur lui autant d'impreſſion, que ce qui eſt dirigé à cette dernière fin. Ainſi pendant que les hommes, excités par la curioſité ou par le deſir d'acquérir des richeſſes, pénètrent les déſerts & les pays les plus éloignés; tandis qu'à l'aide de leurs vaiſſaux, de leurs flotes, ils voguent, ils voyagent ſur les mers les plus orageuſes, & pénetrent chez des nations ignorées de nos ancêtres: tandis qu'ils nous entretienent de la découverte des nouvaux mondes, de plantes inconnües, d'animaux de différente eſpece, & des productions de la terre les plus rares & les plus extraordinaires ; le spectateur chrétien pour qui tous les moindres objets comme les plus grands, l'entretienent des merveilles du Créateur, au récit de tant d'entreprises de l'homme, de ses travaux, de ses nouvelles découvertes, admirant de plus en plus ce dont est capable le génie & l'intelligence de l'homme, image de la Divinité, il ne se lasse point de répéter avec David : *C'est donc ainsi, Seigneur, que vous avez établi l'homme sur les ouvrages de vos mains, & que vous lui avez soumis tous les animaux, toutes les productions de la terre?* Oui, c'est ainsi qu'au récit de tant de nouvelles magnificences qui lui découvrent sans cesse les grandeurs de Dieu, ses richesses infinies & son immensité sans bornes ; son ame se remplit d'une extase continuele pour répéter sans cesse avec le même David : *Seigneur, que vos ouvrages sont admirables ! ... Vous avez tout fait avec la plus profonde sagesse.*

Ps. 8, 7.

Mais au récit de tant de magnifiques découvertes, ce qui fixe particulièrement l'attention de l'observateur chrétien, c'est surtout d'apprendre la découverte des peuples, de ces Nations antipodes dont l'existence paroissoit incroyable aux anciens; c'est d'apprendre que loin qu'aucune de ces Nations eussent la connoissance du vrai Dieu, elles étoient & sont encore, pour la plupart, ensevelies dans les ténebres & les extravagances du paganisme. A ce moment il admire comment est arrivé le tems où le Seigneur, avant la fin du monde, veut que son nom soit annoncé dans toutes les parties de la Terre. Il est agréablement surpris de voir, comment, pour parvenir à cette fin, le Seigneur se sert des passions mêmes des hommes avides de richesses. En sorte que, pendant que ceux-ci affrontent les plus grands dangers pour satisfaire leur avidité, il admire comment d'autres profitant des routes que ceux-là leur ont ouvertes, ils s'exposent non seulement aux mêmes périls, mais au supplice, mais au martyre; & cela uniquement pour aller enrichir de la connoissance du vrai Dieu ces peuples idolâtres d'orient, d'occident & du midi,

Muses chrét. p. 172.

Ta sagesse, Seigneur, rapprochant les contrées,
Par l'immense Océan entr'elles séparées,

Ne veut pas seulement pourvoir à nos besoins.
Il est un autre objet plus digne de tes soins ;
Il faut que tout mortel te conoisse & t'adore ;
Que sur ces bords lointains, dont l'habitant t'ignore,
Le flambeau de la foi brille aux yeux défillés,
A ces yeux par l'erreur d'âge en âge aveuglés.
Au tems qu'avoit marqué ta sagesse profonde,
Colomb que tu guidois, découvre un nouvau monde;
Des decrets du Très-Haut glorieux instrument,
La boussole enfanta ce grand événement.
L'ardente soif de l'or en fut le vif mobile,
Dieu cachant ses desseins, permit que l'Evangile,
Prêt à détruire un culte établi par l'erreur,
Dans l'intérêt sordide eut son avancoureur.
Des bords Américains les barrieres ouvertes,
Au tyran des enfers annoncèrent ses pertes,
Ce fut l'heureux écueil de son regne fatal,
Des triomphes du Christ le glorieux signal,
Où la foi descendant des demeures divines,
Doit pousser dans ce champ de profondes racines;

DULARD, sur la grandeur de Dieu.

Mais ce qui remplit l'observateur chrétien d'une admiration toute particulière, c'est de considérer, que si dans les quatre parties du monde, celle que nous habitons est non seulement la plus savante, la plus industrieuse & la plus intelligente, mais même celle à laquelle le Seigneur s'est fait le plus manifestement connoître ; il permet encore que plusieurs d'entre nous ; remplis du zèle des premiers hommes apostoliques, renoncent à leur famille, abandonent leurs biens, quittent leur patrie pour aller à travers les plus grands dangers, annoncer & faire connoître le vrai Dieu à ces peuples créés également comme nous, à l'image de la Divinité.

Progrès du Philosophe Chrétien dans la physique.

C'est ainsi que le philosophe chrétien admirant en toute occasion ce dont est capable le génie, l'industrie, l'intelligence de l'homme, l'admire encore bien plus lorsque ces mêmes actions, ses opérations sont rapportées à la gloire de celui de qui il a reçu tant d'illustres prérogatives. Si donc il entend parler ailleurs de ses heureux progrès dans l'étude de la géographie, pour mesurer les distances des différentes parties de la terre, sa forme & son étendue : ici, de ses succès dans l'astronomie, pour connoître le ciel, les astres, les étoiles qui l'embélissent, les planètes & leurs énormes distances les unes des autres ; il considère avec une joie nouvelle le génie de l'homme, dont les observations persévérantes & laborieuses, ont porté au plus haut degré de perfection le commerce, la navigation & le progrès des sciences. Il convient même que sur tous ces objets, nous avons surpassé les anciens philosophes les plus renomés, les Talès, les Ptolemée & plusieurs autres. Mais pendant que le spectateur chrétien rend cette justice au génie de l'homme, quelle douleur pour lui de voir que par rapport à l'Auteur de tant de magnificences qui brillent sur la terre & dans les cieux, plusieurs savans de nos jours n'en sont souvent pas plus avancés que les anciens dans cette admirable théologie de la nature, qui nous annonce cependant avec tant d'évidence, & par les preuves les plus touchantes, la puissance, la grandeur, la majesté du Dieu créateur de toutes ces merveilles innombrables : que souvent même quelques-uns d'entr'eux paroissent encore plus éloignés que tous les autres de cette connoissance si naturele, lorsque nous considérons tous les systêmes

arides, abſurdes & ridicules auxquels ils s'abandonent. En ſorte que, s'ils ſe ſont élevés un peu plus que les autres vers les nües, ils ſemblent mettre ſans ceſſe volontairement les mains devant leurs yeux, pour ne pas appercevoir la lumiere divine qui les environe, ou pour mieux dire, qui les offuſque en punition de cette *ſcience*, dit St.
1. *Cor.* 8, 1. Paul, *qui ne ſait que les enfler d'orgueil*, tandis que la véritable ſcience éleve l'ame à Dieu.

Ainſi le ſpectateur chrétien, rendant en toute autre choſe juſtice à l'étendüe de leurs connoiſſances, à l'utilité de leurs travaux, à la beuté de leurs découvertes, ne les regarde néanmoins, en comparaiſon des véritables découvertes de la Terre & des Cieux, & de celui qui en eſt le Créateur, ne les regarde, dis-je, que comme ceux qui s'étant un peu plus élevés que les autres pour obſerver un magnifique châtau, un ſuperbe palais ſitué ſur la plus haute montagne, n'ayant cependant pû rien voir de ſon intérieur, & ne connoiſſant que très-ſuperficielement l'extérieur, ſe trompent d'abord ſur ce qu'ils nous rapportent de ſon ſeul extérieur,

& s'égarent encore plus ſur ce qu'ils nous racontent de ſon intérieur qu'ils ne connoiſſent nullement, & ſur lequel ils ne nous donnent que des ſyſtêmes, que des conjectures qu'ils prenent pour réalités, & qu'ils veulent nous faire regarder comme telles.

Mais ſi quelques-uns ſéduits par leurs brillans diſcours, donnent dans leurs idées, le ſpectateur chrétien, mieux inſtruit, parce qu'il poſſède, parce qu'il conſulte dans l'Ecriture de meilleures ſources; loin d'écouter ces prétendus philoſophes, il les plaint de leurs ſavans égaremens; & prenant pour lui des conducteurs plus sûrs, il s'empreſſe de les ſuivre, ces guides éclairés qui le conduiſant par la véritable voie, non ſeulement lui font obſerver les dehors, mais l'introduiſent au-dedans du magnifique palais de l'Univers, pour lui en faire remarquer les merveilles inconnües à tant d'autres, & pour le préſenter en quelque ſorte à l'Auteur de tant de magnificences inépuiſables; à ce divin Auteur qui ne les découvre néanmoins & ne les montre qu'aux eſprits bien diſpoſés: & cela non pas tant encore

pour les leur faire connoître toutes, que pour leur apprendre qu'après celles qu'il aura daigné leur montrer, il en reste & il en restera toujours des millions d'autres sans fin à leur découvrir, tant est incompréhensible, est inépuisable la multitude infinie de ses grandeurs & le nombre de ses merveilles,
Job, 9, 10. nous dit le saint homme Job.

Admirable physique des Auteurs sacrés.

C'est donc pour connoître tant de magnificences, que le spectateur chrétien, loin de ne se conduire que par les découvertes de ces hommes dont les sciences arides l'éloignent plutôt de Dieu, qu'elles ne l'en approchent & ne les lui font admirer; c'est, dis-je, pour avancer de plus en plus dans tant de connoissances aussi admirables qu'inépuisables du Créateur de l'Univers, que le spectateur chrétien ne cesse de consulter, ne se lasse pas d'étudier les livres saints, dont le Tout-Puissant a lui-même guidé & inspiré les Ecrivains. Ecoutons particulièrement ceux qui ont précédé de plusieurs siècles les philosophes de l'antiquité payenne, écoutons Job, écoutons Moyse, l'historien sacré de la création du monde, écoutons David, ce Roi toujours rempli d'extase à la vüe des ouvrages du Seigneur.

Où étiez-vous, dit le Seigneur à Job, 38,
Job son serviteur, *où étiez-vous lorsque* 4. &c.
je posois les fondemens de la terre ? . .
Dites-moi qui en a pris toutes les dimensions, sur quelle base elle est posée,
qui en a placé la pierre angulaire ? Est- v. 32.
ce vous qui commandez au Soleil de se
lever à des heures marquées, ou à la nuit
d'envelopper de son voile les enfans de
la terre ? Connoissez-vous l'ordre & le 33.
mouvement du ciel, celui des étoiles, des
Pléyades, & la marche de l'Ourse ? . . .
Ecoutons Job, en instruisant ses amis,
répondre lui-même à ces questions.

C'est *Dieu*, leur dit-il, *qui a sus-* 26, 7.
pendu la Terre dans les airs comme sur
un vide, & qui contient les nües au-
dessus d'elle, de peur qu'elles ne la submergent & ne l'inondent . . . Les colones
des cieux tremblent à son seul regard . . .
C'est lui qui fait tourner la terre sur son
centre, qui en fait mouvoir les fonde- 9, 6.
mens. Il commande au Soleil, & il ne
paroit plus. Il contient les Etoiles sous

ſa main comme ſous un ſceau. Lui ſeul ; lui ſeul a étendu les Cieux. Il marche ſur les eaux de la mer. Il a créé les étoiles de l'Ourſe, de l'Orion, des Hiades & du Midi. C'eſt lui ſeul, dit-il, *qui a créé toutes ces merveilles, & des millions d'autres dont le nombre eſt incompréhenſible.*

Quelles nobles, quelles riches ; quelles majeſtueuſes deſcriptions de la Divinité qui a créé l'Univers ! Quelle peinture ſublime de ſa puiſſance ſans bornes ! Quelle élévation ne donnent-elles pas à notre ame, en comparaiſon de certains philoſophes ſpéculatifs & ſyſtématiques ! Quelle vénération, quel reſpect, quelle adoration, quel amour ne nous inſpirent-elles pas pour le Créateur du Ciel & de la Terre, & de toutes les merveilles qui y ſont contenues ! Telles étoient les connoiſſances de la création du monde qu'avoit Job, mille ans avant les philoſophes de l'antiquité payenne, & près de trois mille ans avant ceux des philoſophes de nos jours, qui ſe perdent dans de vaines ſpéculations, ainſi que leurs prédéceſſeurs, dès qu'ils oſent ſuivre d'autres routes que celles que leur tracent les Ecrivains sacrés, dès qu'ils méprisent de marcher & de se conduire d'après les connoissances que ceux-ci nous ont transmises.

Ecoutons ensuite Moyse formé à l'école du Créateur même. S'il s'exprime dans les termes les plus courts & les plus concis par rapport à la création du monde, reconnoissons que ce n'est que pour nous faire mieux remarquer la promptitude avec laquelle le Tout-Puissant a tiré toutes choses
du néant. *Que la lumiere se fasse, &* Gen. 1, 3.
aussi-tôt elle éclate.... Que les eaux 9 & 10.
*se séparent de la terre, & aussi-tôt la
terre & la mer sont distinguées les unes
des autres. Que la terre produise des fruits* 11.
*de toute espèce, à l'instant Dieu est obéi,..
Que de grandes lumières brillent dans* 14.
*les cieux, pour distinguer le jour & la
nuit, & pour marquer les signes, les
tems, les jours & les annés; dans le
moment ses ordres s'exécutent.* Quelles
courtes expressions pour exprimer les
plus grands prodiges, la création de
la lumière, de la terre avec ses productions, & celle des grands astres
destinés à nous éclairer & à éclairer les
actions de notre vie! *Il a créé les étoiles,* 16.

dit ensuite le même historien de la création : Quelle courte parole pour exprimer le plus étonnant spectacle ! Qu'il est tout puissant celui dont chaque parole forme à l'instant les plus grands prodiges ! *Il les a placées*, ajoute-t-il, *dans le firmament.* Quelle puissance d'avoir suspendu tant de globes, tant de lustres dans les Cieux, pour y former la plus brillante, la plus lumineuse décoration ! Oui, malgré la perfection des instrumens imaginés par l'industrie des hommes pour découvrir ces astres, il en échape, & il en échapera des milliers & des millions sans nombre, parce que leur multitude inconcevable cachée dans l'enfoncement impénétrable des Cieux, nous les rendra toujours invisibles.

Muses chrét. p. 62.

Dans le centre éclatant de ces orbes immenses,
Qui n'ont pu nous cacher leurs marches & leurs distances,
Luit cet astre du jour par Dieu même allumé,
Qui tourne autour de soi sur son axe enflamé.
De lui partent sans fin des torrens de lumière.
Il donne, en se montrant, la vie à la matière,
Et dispense les jours, les saisons & les ans,
A des mondes divers autour de lui flotans.
Ces astres asservis à la loi qui les presse,
S'attirent dans leurs courses, & s'évitent sans cesse ;

Et servant l'un à l'autre & de regle & d'appui,
Se prêtent les clartés qu'ils reçoivent de lui.
Au-delà de leurs cours, & loin de cet espace,
Où la matière nage, & que Dieu seul embrasse,
Sont des soleils sans nombre & des mondes sans fin.

DE VOLTAIRE, Henriade.

A ce moment, quelles réflexions sans nombre ne se présentent pas à l'esprit du spectateur chrétien, pour louer au-dessus de toute expression l'Auteur de tant de merveilles? Comparons donc toutes ces riches descriptions de la création du Ciel & de la Terre, & de tout ce qu'ils renferment, avec ce que nous en disent les philosophes purement humains. Quelle foiblesse! Quelles bornes! Quelle sécheresse vis-à-vis des Philosophes sacrés, introduits dans le superbe palais du Créateur de l'Univers, & qui, comme s'ils l'avoient accompagné au moment qu'il forma l'Univers & ses magnificences, nous décrivent de quelle manière il a créé la Terre, comment il l'a suspendüe dans les airs pour se tourner sur elle-même. De là nous conduisent dans la vaste étendue des Cieux que le Créateur a enrichis de globes lumineux & étincelans, pour régler nos jours & nos années; & nous apprenent comment lui ſeul en a formé une multitude inconcevable, & cela en un inſtant & d'une ſeule parole. Quelle ſublime philoſophie, qui nous éleve au plus haut des Cieux, & nous remplit de raviſſement envers l'Auteur de tant de magnificences innombrables! qu'a de comparable avec elle la philoſophie purement mondaine?

Muſes chrét. p. 119.

Vois des riches moiſſons les campagnes dorées:
Vois les tréſors tirés des abymes des mers:
Vois le jour s'allumer dans l'eſpace des airs:
Vois des flambaux du Ciel les marches méſurées:
Vois l'homme dont l'eſprit par ſes puiſſans efforts,
Pénetre les ſecrets cachés dans tous nos corps,
Et comme en abregé lui-même eſt tout un monde.
Puis demande à ton cœur rempli d'étonement,
Quel doit être celui dont la bonté féconde,
Pour créer l'Univers, n'employa qu'un moment.

ARNAUD D'ANDILLY, Stances chrétienes.

Si donc les philoſophes du ſiècle ont l'avantage par leurs recherches, leurs travaux, leurs obſervations, d'avoir ſurpaſſé, il eſt vrai, les philoſophes de l'antiquité payenne, ont-ils néanmoins ſujet de ſe glorifier de n'avoir, après tout, ſurpaſſé que des peuples

peuples plongés dans l'ignorance des ouvrages du Créateur, depuis qu'ils avoient malheureusement perdu la connoissance du vrai Dieu & des livres saints? Mais lorsqu'ils se comparent eux-mêmes, ou que nous les comparons avec les Philosophes sacrés; combien ne les trouvons-nous pas nous-mêmes les plus éloignés de ces hommes instruits par le Créateur, & qui ont précédé tous les anciens philosophes les plus vantés?

Si donc ceux de nos jours consultoient eux-mêmes ces sources divines, combien n'illustreroient-ils pas, combien n'anobliroient-ils pas leurs recherches, leurs découvertes véritablement si précieuses d'ailleurs, si intéressantes & si utiles? Qu'ils s'appliquent, qu'ils s'attachent donc à concilier leurs connoissances avec celles que nous présentent les livres saints, plutôt que de les rejetter, plutôt que de les mépriser, parce qu'ils les croyent sans raison opposés à leurs découvertes. Combien ne rendroient-ils pas alors estimables leurs travaux, au lieu de les dégrader par des raisonemens vagues & pleins d'obscurités; tandis que

les livres ſaints ne font qu'élever notre ame par les vérités lumineuſes qu'ils nous enſeignent ; tandis qu'ils nous conduiſent vers le Créateur de l'Univers, & qu'ils nous raviſſent à la vûe de la magnificence de ſes ouvrages & de ſa puiſſance ſans bornes. Car tel eſt le fruit de cette Philoſophie ſacrée, ſans laquelle alors ſe vérifie ce dont elle nous aſſure ailleurs : que le monde ne devient plus pour eux qu'un objet de diſputes ſans fin : *mundum tradidit*
Eccli. 3, 11. *diſputationi eorum*. Diſputes qui ne font que les égarer, diſputes qui ne font que les conduire d'abîmes en abîmes, pendant que les Philoſophes ſacrés, en ne ſe ſéparant jamais de l'Auteur de toutes choſes, y découvrent au contraire de jour en jour les plus grandes merveilles, merveilles qui rempliſſent leur ame de la plus haute ſatisfaction. Ecoutons en effet David, ce grand Roi, nous exprimer ſon extaſe, ſon raviſſement à la vûe de toutes les magnificences des ouvrages du Tout-Puiſſant.

Muſes chrét. p. 243.

David ſeul me ravit, je n'aime que ſa lyre.
A ces charmans accords, je pleure, je ſoupire.

Il peut tout sur mon cœur, il peut tout sur mes sens,
Et ma raison ne suit que ses divins accens.
Qui pourroit écouter sans des transports de joie,
Ses chants pleins d'onction où son cœur se déploie?
Où ce fameux berger qui devint un grand Roi,
Console nos ennuis, & regle notre foi.

GODEAU, *Evêque de Vence.*

Seigneur, dit-il, *les Cieux annoncent
votre gloire, & le firmament l'ouvrage* Ps. 18, 2 &c.
*de vos mains... C'est un langage qui se
fait entendre dans toutes les parties de la
terre... Que vos ouvrages sont magni-* 103, 24.
*fiques! Vous avez tout créé avec la plus
grande sagesse; la terre est remplie de vos
merveilles.... Votre parole affermit les
Cieux... Vous seul connoissez le nom-* 32, 6.
bre des étoiles, & leur donnez à chacune 146, 4.
leur nom..... Seigneur, dit-il, *je ne
cesserai de vous louer dans l'assemblée* 110, 1, &c.
*des justes: je ne cesserai de répeter que
vos œuvres annoncent la perfection de
vos volontés: que tout y publie vos
louanges, votre grandeur, votre sagesse...
Que toute la Terre chante donc éternele-
ment vos louanges.... & célebre sans* 65. 1, &c.
*cesse la magnificence de vos ouvrages....
Que les Cieux, que les Anges, que les
astres, que les élémens, que toutes les* 148, 4. &c.
créatures, que les Rois, que les Nations,

que tout en un mot publie perpétuelement les merveilles du Créateur du Ciel & de la Terre.

Ecoutons les mêmes vérités chantées par nos Poëtes François.

Muses chrét. p. 170.

Les Cieux instruisent la Terre
A révérer leur Auteur.
Tout ce que leur voûte enserre
Célebre un Dieu créateur.

Quel plus sublime cantique,
Que ce concert magnifique
De tous les célestes corps!
Quelle grandeur infinie,
Quelle divine harmonie,
Résulte de leurs accords!

De sa puissance immortèle
Tout parle, tout nous instruit.
Le jour au jour la révèle,
La nuit l'annonce à la nuit.
Ce grand & superbe ouvrage
N'est point pour l'homme un langage
Obscur & mystérieux.
Son admirable structure
Est la voix de la nature
Qui se découvre a nos yeux.

Dans une éclatante voûte
Il a placé de ses mains
Ce soleil qui dans sa route
Eclaire tous les humains.

Environé de lumières,
Cet astre ouvre sa carière,
Comme un époux glorieux,
Qui dès l'aube matinale,
De sa couche nuptiale
Sort brillant & radieux.
O que tes œuvres sont belles!
Grand Dieu, quels sont tes bienfaits!
Que ceux qui te sont fidèles,
Sous ton joug trouvent d'attraits!
Ta crainte inspire la joie:
Elle assure notre voie:
Elle nous rend triomphans:
Elle éclaire la jeunesse:
Elle fait briller la sagesse
Dans ses plus foibles enfans.

J. B. ROUSSEAU, Odes sacrées.

Invisible moteur de ce vaste Univers,
Quel être peut compter tes ouvrages divers? *Muses chrét. p. 307.*
Ta grandeur, ta bonté passent nos connoissances.
Chantez esprits des Cieux, souveraines puissances;
Il convient à vos voix d'exalter l'Eternel;
Avec vous rendons-lui ce devoir solemnel.
Astres, cieux, élémens, que votre accord fidèle
Célebre la splendeur de sa gloire immortèle.
Vous habitans des airs, de la terre & des eaux,
Vous êtes les témoins de nos transports nouveaux.
Echos, vous repétez chaque jour nos homages.
Grand Dieu! peint dans nos cœurs les plus pures images,
Daigne en bannir l'erreur que la passion produit,
Comme le jour les flambeaux de la nuit.

Madame DU BOCCAGE, Paradis terrestre.

A tous ces traits, qui peut refuser de convenir combien le spectateur chrétien trouve dans toutes les merveilles de la Terre & des Cieux la plus sublime théologie, & dont les livres saints lui donnent la plus grande intelligence ; tandis que les plus rares génies du siècle qui s'élevent, il est vrai par leurs recherches, un peu plus haut que le commun des hommes, n'en revienent cependant pas plus éclairés sur les œuvres du Créateur, parce qu'ils s'arrêtent tout à coup, sans vouloir étudier les vérités plus sublimes encore que leur apprendroient nos Auteurs sacrés. Mais au contraire que d'instructions supérieures n'acquiert pas le Philosophe chrétien, qui introduit par eux dans le superbe palais des ouvrages du Créateur, n'en revient que plein d'admiration & de reconnoissance envers celui qui en est le Seigneur suprême. Oui, c'est ainsi que les livres saints honorent l'homme, l'élevent à Dieu, enrichissent de plus en plus ses connoissances, les éclairent, les embélissent, & font briller supérieurement sa science, son génie, son intelligence & toutes les éminentes distinctions qu'il a reçues du Créateur au-dessus de toutes les créatures.

L'Ecriture sainte seule dépositaire de la vraie science.

Si donc avant de terminer la comparaison du Philosophe selon le monde avec le Philosophe selon Dieu, nous voulons, après avoir suivi & admiré l'homme jusqu'ici dans toutes ses actions, dans tous ses travaux, depuis le plus simple laboureur jusqu'aux hommes les plus renomés par leur science & leur savoir; si dis-je, nous voulons encore nous transporter dans ces vastes bibliothèques qui sont comme le dépôt & les archives de toutes les connoissances humaines, du génie de l'homme, de ses progrès dans toutes les sciences possibles; c'est pour nous certainement un nouvau sujet d'admiration, d'y reconnoître sans cesse ce dont est capable l'étendüe de son génie. Mais comme au milieu de tant d'ouvrages, quelque multipliés, quelque savans, quelque ingénieux qu'ils soient, il n'y en n'a malheureusement qu'un trop grand nombre, dont les uns ne sont que des témoignages trop visibles de l'abus du génie de l'homme ; & dont les autres ne prouvent que trop l'insuffisance de sa raison & des efforts de son esprit, pour connoître l'excellence de son origine, & le Dieu qui a créé toutes choses ; le spectateur chrétien apperçoit du moins avec une joie sensible la place honorable qu'occupent dans ces longues & savantes galeries, les livres saints, la Bible, cet ouvrage par excellence, seul capable d'éclairer l'homme ici-bas, de le conduire sûrement au milieu de tant de précipices dont il est environé ; & de le préserver du poison mortel que renferment tant d'ouvrages ténébreux & si malheureusement multipliés.

Otez en effet ce livre des livres, le fondement de la vraie science, la source de la véritable lumière qui doit conduire l'homme à l'Auteur de tout bien ; quelques nombreux, quelques savans que soient tous les autres livres qui composent ces vastes collections, combien l'expérience de tous les siècles, & celle de toutes les nations, ne nous a-t-elle pas convaincus, que l'homme, malgré le génie le plus

étendu,

étendu, les recherches les plus profondes, ne peut connoître par lui-même sa véritable origine, celui de qui seul il peut se glorifier de la tenir, ni la fin pour laquelle Dieu l'avoit formé, & l'avoit si éminament distingué d'entre tous ses autres ouvrages. Mais à l'aide de ces livres saints, & de tant d'autres ouvrages qui en sont les heureux interprêtes, tout s'éclaircit, les nuages qui s'offusquoient se dissipent. Des écrits sacrés & plus savans qu'aucun autre, des écrits conservés de siècle en siècle, & qui remontent jusqu'à la plus haute antiquité, jusqu'à la création de l'Univers, vienent retirer l'homme de l'ignorance dans laquelle il étoit plongé, lui ouvrent les yeux, l'élevent au-dessus de tout ce qu'on lui avoit enseigné; lui aprenent l'excellence de son origine, sa supériorité au-dessus des autres créatures, sa véritable destination, & le Dieu suprême des mains duquel il a reçu tant d'avantages signalés, tant de distinctions frapantes dont il doit lui rendre hommage sans discontinuation.

Liaison nécessaire de l'Homme avec Dieu.

C'est donc toujours à l'aide de ces livres saints, qui sont comme les archives de la noblesse & de la véritable grandeur de la nature humaine; que l'homme chrétien reconnoît avec admiration, que si le Créateur a voulu d'abord le former d'un corps dont toutes les parties sont si parfaites, dont tous les organes sont si supérieurs à ceux des autres créatures; ce n'est que pour le lier davantage à toutes les magnificences du Ciel & de la Terre, que le Tout-puissant venoit de tirer du néant. Si par un souffle de vie il a ensuite vivifié ce corps d'une ame, d'une intelligence semblable à la Divinité, ce n'est que pour l'unir plus intimément avec elle : ce n'est que pour le mettre dans l'heureuse obligation de lui rapporter l'honeur & la gloire de tous les avantages, de toutes les distinctions, & de toutes les éminentes prérogatives qu'il en a reçus.

Si donc l'homme est véritablement

un des prodiges de la Création, un Ange terrestre & spirituel qui tient à la Terre & au Ciel, une créature formée à l'image de la Divinité ; qu'il reconnoisse de plus en plus la nécessité dans laquelle il est de s'unir avec celui dont il a reçu les avantages & les prérogatives les plus distingués. Et qu'il aprene que dès qu'il aura le malheur de tenir une conduite opposée, & qu'il cessera de se conformer à toutes les volontés de son suprême Bienfaiteur ; dès-lors l'homme ne deviendra plus qu'un abyme de corruption, de vices, d'imperfections, d'erreurs, de contradictions inconcevables, dont il ne faudra jamais chercher d'autres causes, que celles de sa séparation d'avec son divin Créateur, la source unique de son véritable bonheur.

Mais au contraire, dès que l'homme entrera dans les vues de son Créateur, dès qu'il ne se conduira que conformément à ses desseins & à ses volontés, tout se comprendra dans la nature, tout marchera dans l'ordre. Dès-lors les causes de tant de dignités, de privileges, de supériorités qu'il a reçus de Dieu ſe comprendront, & deviendront chaque jour plus intelligibles. Dès-lors loin de taxer l'homme d'orgueil, de préſomption, & de deſſein de porter ſes vues trop haut ; l'on reconnoîtra au contraire qu'elles ne ſont que les attributs, que les propriétés d'une créature formée à l'image de la Divinité ; qu'elles ne ſont qu'une ſuite naturele de tout ce que la Divinité a daigné opérer en faveur de ſa créature, de ſon image, de ſa reſſemblance. Vérités qui deviendront encore plus ſenſibles & plus dignes de notre admiration, ainſi que de nos plus humbles actions de graces, à meſure que nous avancerons dans la connoiſſance de tout ce que les livres ſaints, de tout ce que la Religion chrétiene nous apprend, ſur ce que Dieu a daigné faire pour l'homme ſon image ; afin de l'unir avec lui, afin de le diſtinguer entre toutes ſes créatures, afin de l'élever ſans ceſſe vers ſa majeſté ſuprême.

L'Homme deſtiné pour ce qu'il y a de plus grand.

C'eſt donc ainſi que de quelque

côté que le Philosophe chrétien puisse envisager l'homme, l'homme lui présente à chaque pas les plus grands sujets d'admiration. Si d'abord on ne l'examine qu'à la seule vue extérieure, nous y remarquons les distinctions les plus sensibles d'avec toutes les autres créatures, soit dans la délicatesse de ses sens, soit dans la perfection des organes dont son corps est enrichi. Si nous l'envisageons du côté du spirituel, du côté de cette ame, de cette intelligence qu'il a reçue de Dieu, nous y reconnoissons l'origine la plus noble, les distinctions les plus éminentes, les propriétés, les facultés les plus admirables. Si de-là nous voulons considérer ce qu'opèrent tous les jours ce corps & cette ame unis ensemble, & travaillant de concert, nous les voyons exécuter les entreprises les plus surprenantes, mettre tout en action dans l'Univers, & s'élever aux plus hautes connoissances. En un mot, si nous suivons l'homme surtout, lorsqu'il rapporte à Dieu ses actions, nous admirons combien il les anoblit, il les éleve, il les dirige sagement, il les éclaire; combien il s'éleve lui même

& ſe rapproche de la Divinité, qui eſt ſa fin première & dernière, & la véritable ſource de toutes ſes diſtinctions.

Graces de ſa rédemption.

Maintenant; ſi après toutes ces conſidérations, toutes ces réflexions ſur la nature humaine & ſur la dignité de l'homme formé à la reſſembance de Dieu, nous voulions examiner, approfondir toutes les autres diſtinctions que nous préſentent de nouvau les livres ſaints, ſur-tout dans les myſteres qu'a daigné opérer en notre faveur, par ſa pure grace, le fils de Dieu qui a pris notre reſſemblance; de combien d'autres privilèges, & d'autres avantages ne verrions-nous pas l'homme comblé? Oui, je l'avoue, c'eſt alors que les prodiges, que les merveilles ne ſont que ſe multiplier, lorſque nous conſidérons les ſublimes vérités que nous préſente la Religion chrétiene dans la perſonne de ce fils unique de Dieu qui a daigné prendre notre nature, ſe faire homme comme nous, & unir en ſa perſonne la nature divine avec la nature humaine.

Mais comme ce sujet est de la plus grande étendüe, réservons à le traiter aussi amplement qu'il le peut être dans un discours particulier, qui terminera le plan de l'ouvrage dont j'ai parlé dans l'avant-propos de celui-ci. Quant à présent, admirons sans cesse combien tout ce qui vient de vous être exposé sur la dignité de la nature humaine formée à l'image de la Divinité, est propre à nous disposer d'avance, & à nous faire mieux comprendre les mystères ineffables que le fils unique de Dieu a voulu opérer pour le bonheur du genre humain. Reconnoissons même combien ce divin Rédempteur, en venant nous gratifier de ses plus hautes faveurs, n'a véritablement jetté ses regards charitables que sur une créature déjà des plus distinguées par tous les privileges qu'elle avoit reçus du Créateur de l'Univers. Ainsi méditons de plus en plus tout ce que nous avons vû dans ce discours sur la dignité de l'homme, & sur toutes les distinctions sublimes dont le Créateur l'a décoré. Pénétrons-en notre ame de la plus vive reconnoissance, sentons-en toute la force, tout le prix, toute la valeur, & dès-lors nous en serons mieux préparés pour comprendre & pour mériter toutes les graces, toutes les distinctions multipliées dont est venu nous combler le Dieu qui, après avoir créé l'homme à son image & à sa ressemblance, n'a pas dédaigné de prendre lui-même notre nature, un corps & une ame semblables à nous. Avantages inestimables, & qui par une suite des plus glorieuses pour l'homme, ne peuvent que l'élever au plus haut degré de gloire & de félicité auquel il puisse jamais espérer de parvenir.

Muses chrét. p. 184.

O Seigneur, que ton nom du couchant à l'aurore,
Fasse éclore ta splendeur:
Que le peuple qui l'ignore,
Apprene à louer ta grandeur.

Le Ciel par ton tonnere,
L'annonce à la terre,
La nuit & le jour.
L'annoncent tour à tour.

L'homme qui doit mieux le connoître
De tous les êtres d'ici bas,
Seroit-il le seul être
Qui ne te connoîtroit pas?

Tout est soumis à ton empire:
Ta bonté remplit l'Univers.
C'est par toi que tout respire
Sur la terre & dans les airs.

Que tout mortel te rende
Des hommages parfaits :
Qe ta gloire s'étende
Aussi loin que tes bienfaits.

Ton nom est redoutable :
Il est adorable,
Rendons-lui nos respects :
Il est aimable :
Cédons à ses attraits :
Il est aimable :
Que l'amour par ses traits,
Le grave dans nos cœurs, qu'il y regne à jamais.

Le Pere PORÉE, *Jésuite.*

FÉLICITÉ DE CETTE VIE.

Dieu tout puiſſant! ſouveraine bonté !
Qu'heureux ſont les momens de ton éternité,
Auxquels tu nous permets de pouvoir exiſter,
Pour contempler ici tes œuvres adorables,
Pour admirer tes bautés ineffables :
Pour te connoître & t'aimer,
Te ſervir & t'adorer !
Quel état plus heureux, dans cette courte vie ;
Peut être deſiré, peut combler notre envie?

FÉLICITÉ DE L'AUTRE VIE.

Dieu tout puissant! souveraine bonté!
Qu'heureux seront les jours de ton éternité,
Où tu nous permettras de pouvoir exister,
Pour contempler encor tes œuvres adorables,
Pour admirer aussi tes bautés ineffables :
Pour toujours te connoître & sans cesse t'aimer;
Sans cesse te servir, & sans cesse adorer!
Quel état plus heureux, dans l'éternele vie,
Peut être desiré, peut combler notre envie?

PASSAGES
DE L'ÉCRITURE SAINTE
CITÉS DANS CET OUVRAGE.

Nota. *Les chiffres qui sont en marge, marquent la page du présent ouvrage où sont cités les versets de l'Ecriture sainte.*

Genese, Chap. 1.

pages

58 | 3 DIEU dit, que la lumiere se fasse;
& la lumiere est faite...
133 | 2 Que les eaux qui sont sous le Ciel,
se rassemblent en un seul lieu. Ce
qui fut fait ainsi.
10 Et l'aride, Dieu l'appela la Terre.
117 | 11 Que la Terre produise l'herbe verte
133 | portant sa graine, & des arbres
fruitiers portant leurs fruits chacun
selon son genre, & contenant la
semence qui les reproduise sur la
Terre. Ce qui fut fait ainsi.
133 | 14 Que des luminaires se fassent dans
le firmament du Ciel, qu'ils divisent le jour d'avec la nuit, & qu'ils
marquent les tems, les jours & les
années.

pag. | 15 Qu'ils luisent dans le firmament du
Ciel, & qu'ils éclairent la Terre. Ce
qui fut fait ainsi.
133 | 16 Il fit aussi les étoiles.
17 Et les plaça dans le firmament du
Ciel...
61 | 26 Dieu dit. Fesons l'Homme à notre
72 | image & ressemblance, & qu'il pré-
side aux poissons de la mer, aux
oisaux du Ciel, sur les animaux &
sur toute la terre...
43 | 28 Dieu bénit Adam & Eve, & leur
72 | dit.... Dominez sur les poissons
117 | de la mer, sur les oisaux du Ciel,
118 | & sur tous les animaux qui se meu-
vent sur la Terre.

Genese, *Chap.* 2.

62 | 7 Le Seigneur Dieu forma l'Homme du
79 | limon de la terre, & inspira sur
son visage un souffle de vie, &
l'Homme devint une ame vivante.

Genese, *Chap.* 9.

43 | 1 Dieu bénit Noé & ses enfans, &
leur dit...
72 | 2 Que votre terreur & votre frayeur
soient imprimées sur tous les animaux de la Terre, sur tous les oisaux du Ciel, & sur tout ce qui
se meut sur la Terre : tous les poissons de la mer sont livrés entre vos
mains.

pag.

PARALIPOMENES, L. 2, *Chap.* 1.

121 10 Donnez-moi, *dit Salomon au Seigneur*, la ſageſſe & l'intelligence pour conduire votre peuple. Car qui peut dignement juger votre peuple dont le nombre eſt ſi grand ? . .
12 La ſageſſe & la ſcience vous ſont dònnées, *lui répond le Seigneur, je vous accorderai encore les richeſſes* & la gloire.

JOB, *Chap.* 9.

131 6 *Dieu* agite la Terre de ſon lieu, & ſes colomnes ſont ébranlées.
7 Il commande au ſoleil, & il ne ſe leve plus : il renferme les étoiles comme ſous le ſélé.
8 Lui ſeul étend les cieux & marche ſur les flots de la mer.
9 Il a créé *les conſtellations* de l'Ours, de l'Orion, des Hyades, & celles cachées au midi. . .
130 10 Ce qu'il fait de grand, d'incompréhenſible & d'admirable, eſt innombrable.

Chap. 26.

131 7 C'eſt *Dieu* qui ſuſpend la Terre dans l'air.
8 Qui renferme les eaux dans les nües, de peur qu'elles ne ſubmergent la Terre de nouvau.

pag. 9 Les colomnes des Cieux tremblent
devant lui, & frémissent à son seul
aspect.

Chap. 38.

131 4 Où éties-vous, *dit le Seigneur à Job*,
lorsque je posois les fondemens de
la Terre?...

5 Savez-vous qui en a réglé les mesures,
ou celui qui en a fait l'alignement?

6 Sur quoi ses bases sont appuyées, ou
qui en a posé la pierre angulaire?...

31 Pourez-vous unir ensemble les brillante
étoiles des Pléïades? Ou,
pourez-vous détourner celles du
pôle arctique

131 32 Est-ce vous qui faites lever le Soleil
au tems marqué, ou qui répandez
les ténèbres sur les enfans de la
Terre?

33 Connoissez vous l'ordre des Cieux,
& en rendrez-vous raison sur la
Terre?

PSEAUME 8.

117 7 Seigneur, vous avez établi l'homme
123 sur les ouvrages de vos mains.

118 8 Vous avez tout mis sous ses pieds,
les brebis, les bœufs & même tous
les bestiaux des champs.

9 Les oisaux du Ciel, les poissons de
la mer...

pag.

119 10 Seigneur, notre Dieu, que votre nom est admirable par toute la Terre !

Ps. 18.

139 2 Les Cieux publient la gloire de Dieu, & le firmament annonce l'ouvrage de ses mains...

5 La renomée de ses merveilles éclate par toute la Terre.

Ps. 32.

139 6 C'est par la parole du Seigneur que les Cieux sont affermis.

Ps. 65.

139 1 Que la Terre chante les louanges de Dieu...

3 Dites-lui, Seigneur que vos ouvrages sont grands !

Ps. 103.

44 20 *Seigneur*, vous avez répandu les ténebres, & la nuit est venue.

21 *Alors* les lionceaux rugissans vont chercher & prendre la nouriture que Dieu leur destine...

23 Le Soleil se leve, ils se rassemblent & retournent dans leurs retraites.

139 24 Et l'homme sort pour aller à son ouvrage, & travailler jusqu'au soir.

25 Que

pag. | 25 Que vos ouvrages ſont magnifiques, Seigneur ! Vous avez tout fait avec ſageſſe : la terre eſt remplie de vos poiſſeſſions...

115 | 27 Toutes les créatures attendent de vous que vous leur donniez à tems leur nouriture.

28 Dès que vous la leur donnez, ils la recueillent. Dès que vous ouvrez vos mains, ils ſont comblés de vos bienfaits

39 Détournez d'eux votre face, ils ſont troublés : ôtez leur votre eſprit, ils tombent en défaillance & retournent dans leur pouſſiere.

30 Rendez-leur votre eſprit, & vous renouvelez la face de la Terre.

31 Que la gloire du Seigneur ſoit dans tous les ſiecles.

Ps. 110.

139 | 1 Je vous louerai, Seigneur, de toute mon ame dans l'aſſemblée des juſtes & dans leur ſociété.

2 Les ouvrages du Seigneur ſont grands: toutes ſes volontés ſont parfaites.

Ps. 146.

139 | 4 Il connoît le nombre des étoiles, & les appelle toutes par leur nom.

Ps. 148.

139 | 1 Cieux, louez le Seigneur, louez-le dans ſa gloire.

pag. 2 Anges, louez le Seigneur, Puissances, louez-le toutes.
3 Soleil & lune, louez le Seigneur : étoiles, lumiere, louez-le toutes aussi. . .
4 Car il a parlé, & toutes choses ont été faites : il a commandé, & toutes ont été créées. . .
7 Habitans de la Terre, louez le Seigneur. . .
11 Et vous aussi, Rois de la Terre & tous les Peuples. . .
14 Cieux & Terre, publiez ses louanges.

Proverbes, *Chap.* 8.

121 15 C'est par moi, *dit le Seigneur*, que regnent les Rois, & que les législateurs ordonnent ce qui est juste.

138 *Ecclésiaste*, *Chap.* 3.

11 Il a livré le monde à leurs disputes.

Eccclesiastique, *Chap.* 17.

117 1 Dieu a créé l'homme de la Terre, & l'a formé selon sa ressemblance. . .
5 De lui il a créé un aide semblable à lui : il leur a donné la raison, la parole, des yeux, des oreilles, une ame pour penser, & les a remplis d'intelligence pour se conduire.
6 Il leur a créé un esprit doué de

pag. ſcience, il a rempli leur cœur de ſentiment, & leur a montré les maux & les biens.

S. MATHIEU, *Chap.* 6.

19 26. Conſidérez que les oiſaux du Ciel ne ſement, ni ne moiſſonent, ni n'amaſſent dans des granges. Cependant votre Pere céleſte les nourit.

S. LUC. *Chap.* 15.

104 13 *L'enfant prodigue*, le plus jeune de ſes fils, s'en alla bien loin dans un pays étranger, & y diſſipa tout ſon bien par ſa vie déréglée.

14 Après avoir tout conſomé...

16 Il déſiroit de remplir ſon ventre des écoſſes que mangeoient les pourceaux, mais perſonne ne lui en donnoit.

16 Alors rentrant en lui-même, il dit...

18 Je me leverai, j'irai chez mon pere, & je lui dirai. Mon pere, j'ai péché contre le Ciel & contre vous.

S. PAUL *aux Romains*, *Chap.* 11.

38 33 O ſublimité des richeſſes de la ſageſſe & de la ſcience de Dieu. Que ſes jugemens ſont incompréhenſibles, & que ſes deſſeins ſont impénétrables!...

38 36 Car c'eſt de lui, c'eſt par lui & en

pag. lui que tout exiſte. Qu'il ſoit glorifié dans tous les ſiecles. Ainſi ſoit-il.

I. CORINTHIENS, *Chap.* 13.

106 2 Quand je connoîtrois tous les myſteres & toutes les ſciences... Si je n'ai pas l'amour de Dieu, je ne ſuis rien.

Id. Chap. 4.

214 7 Qu'avez-vous que vous n'ayez reçu? Si vous l'avez reçu, pourquoi vous en glorifier, comme ſi vous ne l'aviez pas reçu?

Id. Chap. 3.

115 7 Celui qui plante n'eſt rien, ni celui qui arroſe; mais c'eſt Dieu ſeul qui donne l'accroiſſement.

FIN.

TABLE.

DES MATIERES.

AVANT-PROPOS.

PREMIERE PARTIE.

Dignité de l'Homme considérée dans son seul extérieur.

SECONDE PARTIE.

DIGNITÉ DE L'HOMME considérée dans son intelligence.

TROISIEME PARTIE.

DIGNITÉ DE L'HOMME considérée dans ses rapports avec Dieu.

Fin de la Table.

APPROBATION.

J'AI lû par ordre de Monseigneur le Garde des Sceaux un manuscrit, qui a pour titre, *Dignité de la Nature Humaine*, &c. Je n'y ai rien trouvé qui m'ait paru devoir en empêcher l'impression. A Paris ce 10 Octobre 1777.

DELAHOGUE, Docteur & Professeur de Sorbonne.

PRIVILEGE DU ROI.

LOUIS, par la grace de Dieu, Roi de France & de Navarre, A nos amés & féaux Conseillers, les Gens tenans nos Cours de Parlement, Maîtres des Requêtes ordinaires de notre Hôtel, Grand-Conseil, Prevôt de Paris, Baillifs, Sénéchaux, leurs Lieutenans Civils, & autres nos Justiciers qu'il appartiendra, SALUT. Notre amé le sieur Abbé de VILLIERS, Nous a fait exposer qu'il désireroit faire imprimer & donner au Public un ouvrage intitulé; *Dignité de la Nature Humaine*, s'il nous plaisoit lui accorder nos Lettres de permission pour ce nécessaires. A CES CAUSES, voulant favorablement traiter l'Exposant, Nous lui avons permis & permettons par ces Présentes, de faire imprimer ledit ouvrage autant de fois que bon lui semblera, & de le faire vendre &

débiter par tout notre Royaume, pendant le tems de cinq années consécutives, à compter du jour de la date des Présentes : Faisons défenses à tous Imprimeurs-Libraires & autres personnes, de quelque qualité & condition qu'elles soient, d'en introduire d'impression étrangere dans aucun lieu de notre obéissance : à la charge que ces Présentes seront enregistrées tout au long sur le Registre de la Communauté des Imprimeurs & Libraires de Paris, dans trois mois de la date d'icelles ; que l'impression dudit ouvrage sera faite dans notre royaume & non ailleurs, en bon papier & beaux caracteres ; que l'Impétrant se conformera en tout aux Réglemens de la Librairie, & notamment à celui du dix Avril mil sept cent vingt-cinq, à peine de déchéance de la présente Permission; qu'avant de l'exposer en vente, le Manuscrit qui aura servi de copie à l'impression dudit ouvrage, sera remis dans le même état où l'approbation y aura été donnée, ès mains de notre très-cher & féal Chevalier, Garde des Sceaux de France, le Sieur HUE DE MIROMENIL, qu'il en sera ensuite remis deux Exemplaires dans notre Bibliothéque publique, un dans celle de notre Château du Louvre, un dans celle de notre très-cher & féal Chevalier, Chancelier de France, le Sieur DE MAUPEOU, & un dans celle dudit Sieur HUE DE MIROMENIL, le tout à peine de nullité des Présentes. DU CONTENU DESQUELLES vous mandons & enjoignons de faire jouir ledit Exposant & ses ayant causes, pleinement & paisiblement, sans souffrir qu'il leur soit fait aucun trouble ou empêchement. Voulons qu'à la copie des Présentes, qui sera imprimée tout au long, au commencement ou à la fin dudit ouvrage, foi soit ajoutée comme à l'original. Commandons au premier notre Huissier ou Sergent sur ce requis, de faire, pour l'exécution d'icelles, tous actes requis & nécessaires, sans demander autre permission, & nonobstant clameur de haro, charte Normande & lettres à ce contraires : CAR tel est notre plaisir. DONNÉ à Paris le quatorzieme jour du mois de Janvier, l'an mil sept cent soixante-dix-huit, & de notre regne le quatrieme. Par le Roi en son Conseil, LE BEGUE.

Regiſtré ſur le Regiſtre XX de la Chambre Royale & Syndicale des Libraires & Imprimeurs de Paris, n°. 766 fol. 462, *conformément aux diſpoſitions énoncées dans la préſente permiſſion, & à la charge de remettre à ladite Chambre les huit exemplaires preſcrits par l'article CVIII du Réglement de* 1723. *A Paris ce* 20 *Janvier* 1778.

A. M. LOTTIN l'aîné, *Syndic.*

L'on trouvera chez D'HOURY, les Ouvrages ſuivans de l'Auteur.

Sentimens des Catholiques, ſur un Mémoire au ſujet des mariages des Proteſtans, 1756, *in*-8°.

Apologie du Célibat Chrétien, préſentée à Sa Majeſté la feüe Reine; 1761, *in*-12.

Jugement de M. l'Abbé Joannet & de M. Fréron, dans leurs journaux, ſur cet Ouvrage; 1762, *in*-12.

Inſtructions de Saint Louis à ſa famille Royale, dédiées à Monſeigneur le Dauphin, maintenant Sa Majeſté Louis XVI; 1766, *in*-12.

Explications littérales ſur le Catéchiſme de Paris; 1768, *in*-12.

Vie de feu Monſeigneur le Dauphin, dédiée à Monſeigneur le Dauphin, maintenant Sa Majeſté Louis XVI; 1769, *in*-8°.

Principes ſur la Fidélité dûe aux Rois, dédiés à Sa Majeſté le feu Roi Louis XV; premiere édition 1771, *in*-12.

Les mêmes, ſeconde édition; 1775, *in*-12.

www.ingramcontent.com/pod-product-compliance
Ingram Content Group UK Ltd.
Pitfield, Milton Keynes, MK11 3LW, UK
UKHW021103270726
13993UKWH00006B/338